Peter Scher

Geb. 1880 in Großkamsdorf, gestorben 1953 in Wasserburg am Inn; eigentlich Fritz Hermann Schweynert. Scher veröffentlichte zahlreiche Bücher und war als Herausgeber und Übersetzer tätig. Er schrieb für Zeitungen und Zeitschriften (*Der Sturm*, *Die Weltbühne*, *Die Aktion*, *Der Brenner*, *Die Ente*, *Berliner Tageblatt*, *Vossische Zeitung* und *Frankfurter Zeitung*) und war Chefredakteur des Satireblatts *Simplicissimus*. In seinem Nachlass befindet sich ein umfangreicher Briefwechsel mit Liesl Karlstadt und Joachim Ringelnatz.

Hermann Sinsheimer

Geb. 1883 in Freinsheim, gestorben 1950 in London. Sinsheimer war als Theaterkritiker für die *Neue Badische Landeszeitung* tätig, war Leiter der Münchner Kammerspiele, anschließend schrieb er für die *Münchner Neuesten Nachrichten* und die satirische Zeitschrift *Simplicissimus*. Als das »Schriftleitergesetz« in Kraft trat, das jüdischen Redakteuren ihre Tätigkeit untersagte, schrieb er nur noch für jüdische Zeitungen in Berlin. 1938 fuhr er für zwei Monate nach Palästina. Am 6. Juni 1938 emigrierte er nach London.

Was nicht im Baedeker steht

Der beliebteste Reiseführer der 1920er Jahre

München

VON PETER SCHER UND
HERMANN SINSHEIMER

MILENA

INHALT

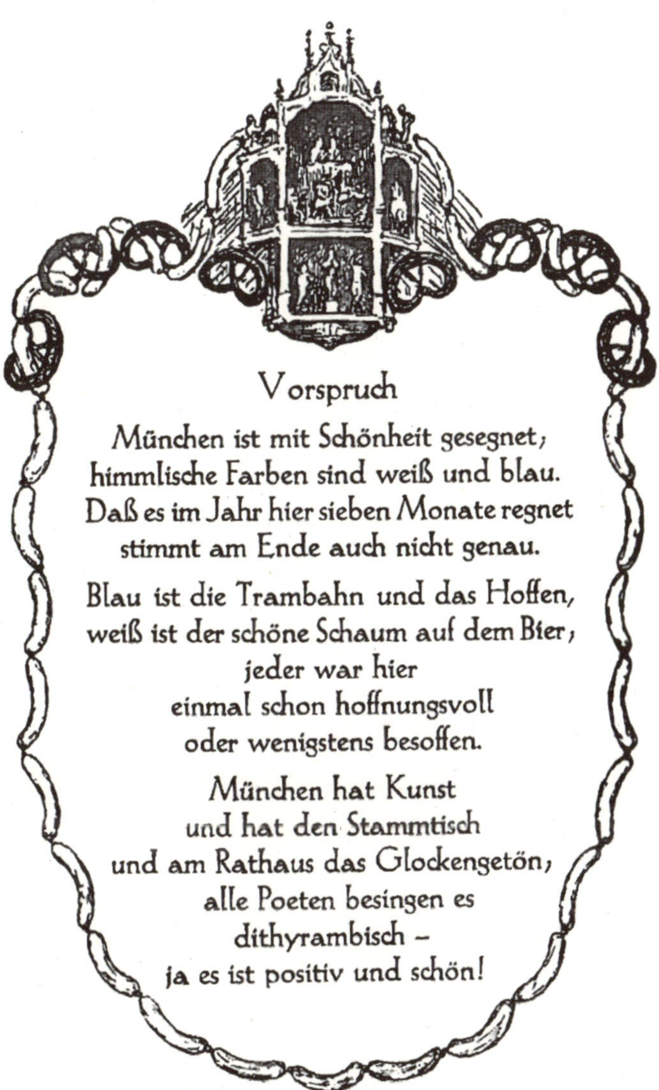

Vorspruch

München ist mit Schönheit gesegnet,
himmlische Farben sind weiß und blau.
Daß es im Jahr hier sieben Monate regnet
stimmt am Ende auch nicht genau.

Blau ist die Trambahn und das Hoffen,
weiß ist der schöne Schaum auf dem Bier,
jeder war hier
einmal schon hoffnungsvoll
oder wenigstens besoffen.

München hat Kunst
und hat den Stammtisch
und am Rathaus das Glockengetön,
alle Poeten besingen es
dithyrambisch –
ja es ist positiv und schön!

Wie sich die Mädchen hier bewegen,
das hat schon Gottfried Keller bemerkt,
aber die Zeit kommt dem
noch mehr entgegen,
respektive ihr Charme hat sich verstärkt.

Um die Rondelle, über die Straßen
wenn die fröhlichen Winde wehn,
sieht man die fremden Wanderer stehn,
die berühmten Eindrücke zu grasen.

Und man denkt sich: Kinder, Kinder,
wenn ihr nur pickt, was jeder pickt,
kommt ihr am Ende
doch nicht richtig dahinter –
drum sei euch ein Abweg-Weiser
in die Hand gedrückt.

BEI LICHT BETRACHTET

Der schwärzeste Mann in München ist beiläufig der Ministerpräsident Held, der blondeste bestimmt der Generalmusikdirektor Knappertsbusch. So schwarz wie jener und so blond wie dieser sind aber nicht viele Münchner. Die meisten befleißigen sich eines Aussehens und einer Haltung der Mitte. Extreme sind nur zeit- und fallweise erlaubt. Auch Hitler ist, nein war (denn er »ist« kaum noch!) eine Saisonerscheinung. Man ließ ihn reden, man ließ ihn putschen – aus! Das Stadtbild von München, das er von Fremdstämmigen reinigen wollte, hat ihn verschluckt und verdaut. Er ist nur noch ein historisches Exkrement.

Held hält länger. Er ist von weiter her als Hitler. Der ist ein Innviertler, Held aber ein Hesse. Von je weiter einer nämlich herkommt, desto mehr passt er nach München. Es ist ein Fremdenziel – ein Ziel fürs Leben. Es ist eine Menschenfalle. Da kommt einer aus Ostpreußen, um im Gebirge vierzehn Tage Ski zu fahren – fünfzig Jahre später wird er in »unserm« Waldfriedhof als Münchner begraben. Er ist an den Frauentürmen kleben geblieben. Trotzdem er vielleicht Abstinenzler war. Denn es ist ein Irrtum zu glauben, man müsste in München Bier trinken. Freilich: Bierkundig muss man sein, sonst blamiert man sich bei gelegentlichen, aber unausweichlichen Unterhaltungen mit Trambahnschaffnern. Über Bier kann man nicht so leicht und so von ungefähr sprechen wie über Kunst. Da muss man in Treue und Ausdauer bei sachverständigen Leuten aus dem Volke in die Lehre gegangen sein. Für den Kunstschmus braucht man lediglich einige Schlagwörter zu beherrschen und die Zeitungspolemiken der letzten Woche gelesen zu haben. Kunst ist nämlich, worüber man sich streitet. Worüber man einig zu sein hat, das ist Bier.

Zwischen Kunst und Bier ist München, wie ein Dorf zwischen zwei Hängen, hingelagert. Im Tal findet all das statt, was man Großstadtleben nennt. Da steht, gewichtig und unwichtig zugleich, der Verkehrsschutzmann, da bemühen sich die Autos pferdekräftig Verkehrsprobleme zu entrollen, da repräsentieren mit größerem Erfolg als jene gemütlichen Radfahrer das Zeitalter und den Geist biedermeierlicher Technik, und da ist endlich der Fußgänger als der eigentliche Herr und Triumphator der Straße. München ist nämlich eine der wenigen Großstädte Europas, wo der Mensch, der sich auf zwei Beinen fortbewegt, noch die Blicke auf sich lenkt und die Aufmerksamkeit der Mitmenschen sowohl erregt als auch verdient. Es ist ja für den Fußgänger Raum genug da, und der viele Raum wird ausgefüllt durch »Atmosphäre«, und diese »Atmosphäre« um den einheimischen Bürger ist es, was an der Fremdenbörse als Münchner Gemütlichkeit sehr hoch im Kurs steht.

Ja, die Münchner Straße ist ein europäisches monstrum unicum, aber eines, das von der Natur (Himmel, Luft und Sonne) gesegnet und verklärt ist. Sie ist entweder zu breit (für die wenigen Fußgänger) oder zu schmal (für die vielen Autos). In der Ludwigstraße ist man versucht, ein Zeißglas zu nehmen und zwischen den stolzen Steinfronten der Häuser und den Denk- oder Mahnmälern auf der glänzenden Asphaltfläche die dünn verstreuten Phänomene der Spezies Mensch mit bewaffnetem Auge zusammenzusuchen.

Das Resultat der optischen Addition ist weit entfernt von »Masse Mensch«. Ein Fähnlein mehr oder minder Aufrechter ist die fast liebliche Staffage für die, wie sogar die Kunsthistoriker sagen, großartige Kulisse dieser Straße. (Der Münchner ist Schlachtenbummler zwischen mehr oder minder klassischen [Häuser-]Fronten.)

Dahingegen in der engen Theatinerstraße wimmelt es von Menschen, Autos, Verkehrsstockungen und heftigen Unterhaltungen zwischen Schutzleuten, Chauffeuren, Radfahrern und Fußgängern. Hier schlägt das beengte Herz Münchens heftig und laut zu einem schmalen Streifen des Münchner Himmels hinauf, während es in der weiten, breiten, hohen, langen Ludwigstraße unter einem Minus von Blutdruck leidet.

Ludwig- und Theatinerstraße – das ist das wahre München, das ist die Stadt mit ihrem Widerspruch von traditioneller

Schönheit und heutiger oder zukünftiger Raumökonomie. München ist eine raumverschwenderische Stadt. Aber so muss es sein, wenn von den Alpen der Schneeatem und vom Englischen Garten, dem grünen Bruder der Stadt, Baum- und Heuduft voll genossen werden soll. Hier gilt ein schönes Wort Meyrincks: Es ist eine Lüge, dass München ein Dorf sei, es ist eine »erweiterte Sennhütte«.

Der Stachel dieses Wortes gräbt sich gar nicht unangenehm ins Münchner Gemüt. Eine dreiviertel Million alpin orientierter Menschen bewegt sich bald über breite Passagen, bald durch enge Kamine. Auch durch München zu wandern ist ein Abenteuer. Man gefährdet die Autos, reißt einen Radfahrer um, rempelt einen *noch* langsamer Gehenden an, und man geht selbst sicher und glücklich wie über Abrahams Schoß. Soll uns das eine andere große Stadt, eine andere Großstadt nachmachen!

Freilich – man gleitet leicht aus. Denn – wenn es sich noch nicht herumgesprochen haben sollte, mag es hier verraten werden – in München regnet der Regen jeglichen Tag – wochenlang! Das ist eine himmelstrübe Tatsache, mit der sich der rührige Münchner Fremdenverkehrsverein nicht gern befasst. Der Niedergang von Wolken über München übertrifft den der Kunst in München um ein ganz Erkleckliches. Wobei sogar fast die Hälfte des Jahres die Wolken kurz über der Spitze der Frauentürme noch nicht recht wissen, ob sie Schnee oder Regen werden sollen. *Auch* recht abenteuerlich, nicht wahr?

Dafür haben wir aber auch den andern Teil des Jahres einen garantiert und patentiert südlich-blauen Himmel. Wann er hereinbricht, weiß nicht einmal die Wetterwarte auf der Zugspitze. Aber geschieht es, dann ist München eine wahrhaft südliche

Stadt, und manchmal ist das schon im Februar der Fall, wodurch ein Äquivalent dafür geschaffen ist, dass es später im April oder Mai schneit. Man muss ja schließlich auch dafür, dass man als Großstadt fünfhundert Meter über dem Meeresspiegel liegt, Opfer bringen.

Zwischen dem Meeresspiegel und einer Binnenlandeshöhe von fünfhundert Metern vollziehen sich an Mensch, Tier und Ding mehr psychologische Wunder, als sich die Schulweisheit derer, die dazwischen wohnen, träumen lässt. Zwischen dem Kropf etlicher Gebirgsbewohner und der Langschädeligkeit der Nord-und Nurdeutschen bewegt sich die Physiognomie des eingeborenen oder eingewöhnten Münchners in vielen saftigen und kräftigen Spielarten des Körpers und Geistes. Die harte, herbe Luft der Hochebene, die noch härtere der auf München zulaufenden ergiebigen Öffnungen der Alpen und darüber hinwiederum der weiche, auf den Nerven wie auf Zithersaiten spielende Atem des Föhn – aus dieser klimatischen Dreiheit ersteht so etwas wie die Romantik des Menschen zu München. Heraufgewandert aus dem Norden, herniedergeflossen aus dem Süden – hat sich seit Jahrhunderten hier zu dem Autochthonenstamm ein Menschengerinnsel gesellt, das zwischen dem Ernst des Lebens und dem Witz der Vergänglichkeit sich zu einem halb künstlerischen, halb künstlichen Phäakentum mit Tradition gestaut hat. Sie haben kein Großstadtmeer gebildet, keine Einheit, keine Gleichheit, keine Uniformität. Sie haben aus der Stadt etwas Irreguläres, etwas Absonderliches gemacht. Sie haben sich, fast jeder Einzelne, gleichsam zu einer äußerst erlebenswerten Sammlung von Individuen und Individualitäten zusammengetan. Was man so ein Gemeinwesen nennt, das ist München nicht. Denn jeder fast hat eine kleine Streitaxt in der einen Westentasche, in der anderen freilich auch ein Beruhigungsmittel. Streiten! Warum nicht streiten? Gleichgültig bleiben! Warum nicht gleichgültig bleiben? Der andere wird's schon anders machen. Und alles wird wieder gut werden!

Hier, in dieser geruhigen Stadt, wo die schöngähnende Monumentalität der Straßen, Plätze und Bauten in einem bizarren Gegensatz steht zu dem Vielerlei von Ornament und Originalität der Menschen, hier ist vieles Unmögliche möglich; hier konnten schon am 7. November 1918 die Schauspieler des Hoftheaters ihren Intendanten absetzen; hier konnten am 8. November schon Kieler Matrosen im Verein mit ein paar radikalen Bauernführern und Literaten der allgemeinen Revolution zuvorkommen.

Hier konnte der edle, aber unsichere Schriftsteller Kurt Eisner revolutionärer Ministerpräsident und zugleich Partikularist sein. Hier konnten später preußische Offiziere ihr weißes Regiment aufrichten, Ludendorff als Johannes, Hitler als deutscher Christus und sogar der kleine Bürokrat Kahr als neuer Bismarck gelten. Immer wieder ein Qui-pro-quo! Was kümmert uns die Regel? Oder die Logik? Oder gar Tatsachen?! Die Münchner wollen bald Berlin erobern – bald von Berlinern als zahlenden Fremden sich erobern lassen. Sie wollten einmal die Juden totschlagen oder mindestens ausweisen, jetzt sind die »Herren Juden« als Fremde äußerst gesucht und geschätzt. Weiß der Teufel, man kann dieser Stadt nicht bös sein, denn sie weiß oft nicht, was sie tut und was ihr guttut. Sie ist der ungezogene Liebling unter den deutschen Städten.

Sie ist ein großes Fremdenasyl. Hier spielen nur Menschen und ihre singulären Mittel (des Geldes oder Geistes) eine Rolle, nicht Anschauungen, nicht Ziele, nicht Parteien. Hier gibt es Tausende und wieder Tausende von Demokraten und Toleranten, aber es gibt keine Demokratie und keine Toleranz als Anschauung. München ist der politische Mittelpunkt des zweitgrößten deutschen Bundesstaates – aber wer geht schon hier einmal auf die Landtagstribüne? Die politischen Behörden und Institutionen hängen wie Schatten überm Hinterhaus, die herrschaftliche Front weiß nichts von ihnen. Rückt das Politische einmal nach vorn, gibt's Klamauk. Das alles ist schön und hässlich zugleich, wichtig und sofort auch wieder nichtig.

Es gibt in München Akademien, Hochschulen und sonstige Körperschaften von wissenschaftlicher oder künstlerischer Bedeutung. Sie genießen bei der breiten Masse eine höchst frag-

»San dö Fremden scho furt?« – »Na, Herr Grandlberger.« – »So, nacha bringen S' mir no a Maß runter und a Haxen.«

würdige Popularität. Aber der Student, der Künstler oder irgendein Geheimrat – die sind populär! Die sind da … beim Bier, im Fasching, bei Fackelzügen, unter Aufrufen oder in der Zeitungsspalte. Es ist alles auf den einzelnen Kopf oder auch auf einen anderen Körperteil abgestellt. Nur nicht verallgemeinern! Was das Auge nicht sieht, das Ohr nicht hört, das ist nicht da. Eine Phäakenstadt verlässt sich auf die Sinne und Sinnfälligkeit, auf sonst nichts. Ist das zum Verzweifeln? Es ist auch schön!

In München gibt es vier Zeitungen, die deutlich je einer Partei dienen. Aber die zwei anderen Blätter, die nur ihren Abonnenten »dienen«, und die Wochenendblätter haben das Vielfache an Auflage. Vor einer Parteiwand wird der Münchner kopfscheu, vor dem Geschäft und dem »Allerlei« senkt er den Degen. Er, der Einzelne, will bedient und befriedigt sein. Er will wissen, wer gestorben ist oder seine silberne Hochzeit gefeiert hat, wer seinen Kinderwagen verkauft oder wo er ein billiges Faschingskostüm bekommen kann. Das ist für ihn »Zeitung«. Denn das füllt seine Zeit aus. Er hat selbst seine weiße oder seine rote Woche – und so wie sich diese Zeiten ändern, müssen es auch die Meinungsmacher tun. Die Zeitung hat sich aufzuregen, wo er sich selbst aufregt. Anlass genug schafft er schon in eigener Person und will daher alles persönlich genommen haben.

»Er« will – »Er« verlangt – »Er« und immer wieder »Er«! Aber wer das ist, kann ich kaum sagen. Es ist der Eingeborene und der Zugereiste, der nach München Versetzte oder Verirrte, der vom Hochland oder der vom Rhein. Es ist immer ein anderer, mehr ein Zeitgenosse als ein Mitbürger, vielleicht ein Freund vom Stammtisch oder sonst ein Bekannter, aber kein Genannter. Der Plural des Münchners spottet der Definition, sein Singular reizt immer wieder zur Schilderung. Die Stadt München hat keine nivellierende Tendenz, sie vereinigt die größte Variationsfreudigkeit in einem – Dorf. Sie ist also, mag sie sich noch so partikularistisch und bajuwarisch an der Oberfläche gebärden, so recht und so ganz eine – deutsche Stadt. Sie pocht auf ihre Eigenart, weil sie von Jahrzehnt zu Jahrzehnt mehr Fremde und ihre Eigenart in sich aufnimmt als irgendeine andere gleich große Stadt. Sie erstreckt sich, sozusagen, aus der preußischen Tiefebene bis zu den Almen, von der Puszta bis zum Jura. Raum für alle hat dieses Stück Erde. Da war einmal – vor Jahren – in einem Schwabinger Haus eine Gesellschaft von vierzig bis fünfzig Menschen aus allen möglichen Berufen versammelt und einer der Geladenen stellte fest, wie viele geborene Münchner darunter waren. Ganze zwei: eine Schauspielerin vom Staatstheater und ein jüdischer Rechtsanwalt! Diese beiden »repräsentierten« München, die andern paar Dutzend aber *waren* es. Die Eingeborenen also befinden sich hier in einer Defensive. Ihre schärfste Waffe ist der Dialekt. Der verarbeitet die geheimnisvolle Flut von Lauten, dass darin jeder schmählich untergehen muss, der nördlich der sehr breiten Donau geboren ist. Der Münchner Dialekt ist ein gedämpftes, zum Singen mehr als zu rascher Verständigung geeignetes Jodeln. Er kommt wie die Isar vom Gebirge her, hat ein starkes Gefäll und doch keinen raschen Lauf, dafür viele Stockungen und Stauungen, ein Übermaß an Krümmungen

Oberbürgermeister Scharnagl

und an jähen Kürzungen. Er strotzt von klangmalerischen Naturlauten, aus denen sich das Komische von selbst ergibt, und von Kraftworten, die nicht leicht ins Musische einzuordnen sind.

So auch ist das Gemüt des Münchners durch eine ewige Nabelschnur mit der Natur verbunden. Er findet schwer Anschluss an das Großstädtische, ist gegen dieses von dörflerischem Misstrauen erfüllt und legt keinen Wert darauf, sich vom Großstädtischen auch nur adoptieren zu lassen. »Mir san mir« ist der verständliche Schlachtruf dieses von Andersgläubigen, Andersgearteten, Andereswollenden umgebenen Gemüts.

Dies alles zum Ärgern, zum Freuen – aber zum Drankleben-bleiben!

Man möchte dieses Kapitel beinahe mit den Worten schließen: ad multos annos! Denn so enden in München viele Leit- und die meisten Jubiläumsartikel. Aber nach einer Woche lautet der Text schon wieder ganz anders. Das ist vielleicht komisch, vielleicht ärgerlich, aber – Gott sei's geklagt, Gott sei gelobt! – entwaffnend.

VOM UMGANG MIT DEN EINGEBORENEN

Der eingeborene Münchner ist das konservativste Lebewesen auf diesem Planeten. Von Seelenhaltung wehmütig rückwärtsschauend, zuweilen auch mit Anlage zum Poltern und auf den Tisch hauen ausgestattet, ist er andrerseits einer unzweideutigen Lebensbejahung zugeneigt.

Aus dieser zwiespältigen Situation eines sozusagen unwirschen Teilhabens am Geiste der Zeit entspringt jene Eigenart bajuwarischen Wesens, die mit diplomatischer Begabung erfasst

»Entschuldigen Sie, ist der Stuhl frei?« –
»Na, aber da drob'n is a Nag'l, wenn S' eahna an dem aufhängen wollen.«

sein will, wenn sie nicht zu einer Kette von Missverständnissen und zur Trübung eines erbaulichen Eindrucks führen soll.

Dem süddeutschen Reisenden wird es natürlich immer wesentlich leichter fallen, das allem von außen Kommenden begegnende Misstrauen in der Seele des Eingeborenen zu überwinden. Besonders Norddeutsche – und von diesen wiederum vor allem solche mit neu-amerikanischem Lebensrhythmus – werden bei freundschaftlicher Annäherung Vorsicht walten lassen müssen.

Man falle nicht dem Trugschluss zum Opfer, dass ein verstärktes Ankurbeln der bekannten liebenswürdig-saloppen Umgangsform zum erwünschten Ziel führen müsse – im Gegenteil: Ein Milligramm zu viel davon, und das schon zum freundlichen Entgegenkommen aufgehellte Gesicht des Münchners versteinert sich zum grimmigen Ausdruck unerschütterlicher Abweisung.

Auf der Trambahn versuche man in der Miene des Schaffners zu lesen, ob er im Allgemeinen zu Wohlwollen veranlagt oder von jenem kategorisch ablehnenden Charakter ist, der ein für alle Mal unversöhnlich zur Umwelt – und insbesondere zu den von außen kommenden und daher immer störenden Elementen – eingestellt ist.

Im ersteren Falle riskiere man kaltblütig im eigenen Idiom etwa »Nationaltheater« zu verlangen. Es kann vorkommen, dass hierauf ohne Weiteres – und vielleicht sogar mit duldsamer Willigkeit – die Verabreichung des Fahrscheins erfolgt. Es kann aber auch sein, dass der Schaffner – und solche erkennt man in der Regel am straff aufgebürsteten Schnauzbart alter Schule – grimmig die sarkastische Korrektur »Hoftheater!« einfließen lässt –

wenn er nicht überhaupt unerbittlich zur Ordnung ruft: »Warum sag'n S' net glei' Hoftheater!«

Für solche und ähnliche Fälle – nicht nur im öffentlichen, sondern auch im privaten Verkehr – empfiehlt es sich, von Zeit zu Zeit bodenständige Apostrophierungen wie: »Geh, san S' so guat, Herr Nachbar!« oder: »Ah da schau her!« oder: »Ja was waar denn jetz' dees!« hören zu lassen.

Natürlich müssen derartige beschwichtigende Ausrufe in Tempo und Haltung dem Milieu angepasst und in der Aussprache überzeugend sein; auch dürfen sie um Gottes willen nicht die Gefahrenzone des sogenannten »Derbleckens« streifen, das der eingeborene Münchner als sein intimstes Reservatrecht von Fremden unangetastet zu wissen wünscht.

»Derblecken« – was nichts mit derb lecken zu tun hat – ein Wort, dessen rätselhafter Inhalt schon manchem Fremden Kopfzerbrechen verursachte, bedeutet jene ganz spezifisch münchnerische Übung, die man mit dem ausländischen Wort »frotzeln« nur unvollkommen erklären würde. In der neuesten Zeit und unter der nachwachsenden Jugend – die sich infolge Sports und des damit rapid um sich greifenden Antialkoholismus überhaupt mehr und mehr vom guten Alten entfernt – ist ja die Übung des Derbleckens etwas in Verfall geraten. Aber wer die eigentliche und ursprüngliche Münchner Art ernsthaft studieren will, muss, wenn nicht selbst einmal gründlich derbleckt worden, so doch zum mindesten Zeuge gewesen sein, wie dieser Brauch von den Eingeborenen zur Erhöhung der Geselligkeit aneinander ausgeübt wird.

Es erfolgt etwa so, dass der Huber scheinbar auf den Hintermeier eingeht, dessen ernsthafte Argumente hervorkitzelt und am Schluss durch witzige, von humorvollen Gesten unterstützte Wendungen ausdrückt, dass er ihn zum Besten gehalten hat.

Der Fremde, der sich in Kreise begibt, die diesem Volksbrauch nach wie vor leidenschaftlich ergeben sind, braucht nicht besorgt zu sein, dass ihm aus Unkenntnis der Spielregeln die Teilnahme an derartigen Unterhaltungen versagt bleiben könnte. Er braucht nötigenfalls nur den Mund aufzutun und wird schon nach einiger Zeit mit angenehmem Erstaunen feststellen können, dass er an der Unterhaltung beteiligt war und die schöne Mission erfüllt hat, mit der Erweiterung seines Wissens zugleich der Ergötzung seiner Nebenmenschen gedient zu haben.

In den niederen Volksschichten werden beim Derblecken zuweilen über das Theoretische hinaus Übungen veranstaltet, in deren Verlauf Maßkrüge an Köpfen zerschellen und Stühle der Beine entledigt und diese wiederum mit den oberen Körperteilen der Beteiligten in unerwarteten Zusammenhang gebracht werden. Solche Höhepunkte, deren Herannahen durch verstärkte Konversation angekündigt zu werden pflegt, meide der Fremde. Es genügt, wenn er diese Übungen, in der dramatischen Literatur durch Ludwig Thomas »Medaille« festgehalten, von der Bühne des Nationaltheaters herab auf sich wirken lässt. Man muss unbeschadet des achtenswerten Strebens nach gründlicher Erforschung unbekannter Volksgebräuche nicht unbedingt sein Nasenbein riskieren.

VON DER BERUHIGENDEN KELLNERIN

Der Reisende, nachdem er in der »SCHWEMME« des Hofbräus die vorgeschriebene Sensation erlebt hat, seinen Maßkrug eigenhändig auszuschwenken und in nächster Nähe eines ehemaligen königlichen Hartschiers auffüllen zu lassen, wird sich nach Überwindung des ersten Entzückens über die Gemütlichkeit, die alle Gegensätze überbrückt, vor die Frage gestellt sehen, wie er zu einer Steigerung des Eindrucks gelangen soll.

Wenn es gegen Abend ist, bietet sich ihm vielleicht die Möglichkeit, im oberen Saal einer jener Versammlungen beizuwohnen, in denen Adolf Hitler unter gleichzeitiger dankenswerter Hebung des Bierkonsums von Zeit zu Zeit die Abschüttlung des Fremdjochs vollzieht. Bietet sich diese Gelegenheit, so greife der Reisende mit beiden Händen zu, denn der Eindruck starker Persönlichkeiten – noch dazu inmitten ihres eigentlichen Wirkungskreises – ist umso kräftigender, je seltener er wird. Für Reisende, die über München nach Italien weiterfahren wollen, gewährleistet der verblüffende Anblick von Braunhemden zudem eine immunisierende Überleitung zu den Schwarzhemden. Man erinnere sich angesichts des temperamentvollen Redners seines historischen Auftretens im BÜRGERBRÄUSAAL, in dessen Decke die Spuren seiner todesmutigen Revolverschüsse eventuell später zu besichtigen sind.

Sollte sich keine Gelegenheit bieten, die Attraktion des oberen Hofbräusaals zu sehen, so kehre man in die »Schwemme« zurück und lasse sich den »Lenbach vom Hofbräuhaus« zeigen. Er ist Kunstmaler, lebt aber seit einem Menschenalter von den Überresten, die er hier von den Tellern der Gäste kratzt und auf der Stelle verschlingt. Die Lehre von den Bazillen wird kläglich an ihm zuschanden; er verschmäht grundsätzlich jedes Originalessen und schwört darauf, dass nur der Genuss abgekauter Kalbshaxen und Wurstpellen gesund und stark erhalte.

»Meine Herrn! Seit oan Jahr legen mir bei jeder Maß an Zwoaring in dö Kassa! Meine Herrn! Von dem Geld werd'n auf Weihnachten drei arme Kinder 'kleid't, vom Fuaß bis zum Kopf! Dass d' Leut seh'gn, zwegn was und warum mir eigentli gar a so gsuffa hab'n!«

Auch den Anblick dieser Münchner Rarität genossen habend, wende man sich der Besichtigung einer Kuriosität zu, die den meisten Durchreisenden entgeht – wahrscheinlich weil von Münchnern, denen sie eine Selbstverständlichkeit ist, zu wenig darauf hingewiesen wird: der richtigen guten alten Kellnerin.

Es gibt deren immer noch eine Anzahl und man erkennt sie schon von Weitem daran, dass sie – was sonst kein sterbliches Wesen der Gegenwart mehr vermöchte – in jeder Hand fächerartig so viel Maßkrüge tragen können, dass es dem Beschauer vor

den Augen flimmert. Hier liegen die Wurzeln der eigentlichen Münchner Kunst, die nicht immer mit Malerei, Literatur und ähnlichen Dingen verquickt werden sollte!

Man präge sich die Gestalten dieser Kellnerinnen gut ein, denn ein Ähnliches an Umfang und bizarrer Weiblichkeit wird einem im Leben nicht wieder geboten werden – es sei denn in einem mit guter alter Tradition geleiteten anderen Münchner Bräu.

Im Hofbräu wie in allen großen Bräus an der Kaufinger-, der Neuhauserstraße und auch im Ratskeller – dessen Wandbemalung übrigens unbedingt besichtigt werden sollte, denn sie ist im

Künstlerisch-Humorigen das einzige bleibende Gegenstück zur Literatur H. Courths-Mahlers – in allen diesen dem bodenständigen Münchnertum dienenden Stätten ist das Phänomen absoluter Verbannung des Bubikopfes zu beobachten. Eine Kellnerin dieser Lokale, die es wagen würde, gebobbt zu erscheinen, würde der öffentlichen Ächtung verfallen – warum, weiß kein Mensch, aber es ist so.

Reisende mit ausgeprägtem Hang zum Wahren, Guten und Schönen sollten es nicht versäumen, sich mit der Münchner Kellnerin vom guten alten Schlage in Kommunikation zu setzen. Schon mancher Fremde, der nervös und von der Unzuverlässigkeit und Hast der Gegenwart angewidert, nahe daran war, in Depression zu fallen, ist durch die unbegreiflich solide Erscheinung der Münchner Kellnerin der Lebensbejahung wiedergewonnen worden.

Der deprimierte Fremde setze sich, mit müdem Blick vor sich hinstarrend, im »PSCHORR« oder »AUGUSTINER« an einen abseitigen Tisch, und binnen Kurzem wird er sein Gemüt durch das angenehme Geräusch einer warmherzigen Ansprache bedeutend aufgehellt fühlen. Jenes vertrauensvolle Geschöpf ist für den einsamen Fremden, der gewöhnt ist, seinen Fraß lieb- und wortlos hingestoßen zu bekommen, ein nicht zu unterschätzender Aktivposten.

Im Deutschen Museum, dessen Universalität in der ganzen Welt mit Recht Achtung genießt, ist eine mechanische Darstellung der richtig funktionierenden guten alten Münchner Kellnerin merkwürdigerweise nicht enthalten. Schon aus diesem Grunde ist man darauf angewiesen, das Phänomen in der Wirklichkeit aufzusuchen.

WIE VERBRINGT MAN EIN JAHR IN MÜNCHEN?

Ein Münchner Jahr ist kurz – kürzer eigentlich als eine Woche, die bekanntlich sechs Werktage hat. Das Jahr dagegen reiht Fest an Fest. Ordinäre Zeiten gibt es in München fast gar nicht, die extraordinären füllen den Lebensraum bis zum Rande aus. Denn München ist – das wird gewiss auch im Bruder Baedeker stehen – eine festliche Stadt. Mag hier auch noch so viel gearbeitet werden – die Arbeit bleibt Privatsache. Was im Stadtbild erscheint, heißt Fest.

Kommt einer, um ein neues Leben zu beginnen, zwischen Weihnachten und Neujahr in München an, so fühlt er, wie die Stadt den Atem anhält gleich einem Menschen, der unmittelbar vor großen Dingen steht. Was wird? Ein neues Jahr? Ein neuer Stadtteil? Eine neue Weltanschauung? Ein Umsturz oder was sonst? Nichts von alledem!

Fasching wird! Am Tag der heiligen drei Könige ist die kirchliche heilige Zeit vorüber, und es startet über Wochen hin die Weltlichkeit. Die erste Woche des neuen Jahres liegt da wie ein Blachfeld, von dem aus der Flug über ein zerklüftetes Leben zum grauen Aschermittwoch führt. Was dazwischen liegt, ist Abenteuer im Ozean der Feste: Tage, die nachmittags beginnen und im Dämmer der Vormittage enden.

Wohin es dich treiben wird, in welche Lokale, Unkosten, Ehen und andere Verhältnisse, du kannst es nicht ahnen. All diese

Wochen bist du verhindert das zu tun, was die Pflicht oder der Nebenmensch oder auch dein eigenes bürgerliches Ich von dir erwartet. Du wirst ein Opfer der Stadt, die aus den Fugen ist. Du bist heute ein Maharadscha, morgen ein Venezianer, dann wieder ein Landsknecht, danach ein G'scherter – nur du selbst bist du nicht. Zeiten und Welten kostümieren dich. Und will einer, auf der Höhe der Faschingszeit, wissen, wer du bist, so darf er nicht fragen, mit wem du umgehst, denn alle Unterschiede sind aufgehoben; er muss geradezu auf dem Einwohneramt oder bei deinen Gläubigern sich nach dir erkundigen. Und an diesen Stellen wird er eine zuverlässig falsche Auskunft bekommen.

Gleich nach Aschermittwoch, so gegen Ende Februar, wenn der Blick sich wieder entschleiert hat, kommt der erste Frühling, das Märzenbier und der Salvator. Der erste Frühling in München ist eine Abschlagszahlung. Er dauert zwei Wochen und wird gleich wieder vom Winter kassiert. Da ist es dann nicht ohne, auf vierzehn Tage nach Bozen zu rutschen oder gar bis an die Riviera. Inzwischen wechseln in München die Wetter- und Bierlagen wie an einer heiß umkämpften Front. Schließlich siegt das Grün, zwar langsam wie die neue Reichsflagge, aber doch unaufhaltsam durch eine Majorität. Am Nockherberg, wo der Salvator strömt, will man sich schon im Freien erhitzen und erkälten, und man will sich davon im Mai, wenn der Maibock brüllt, so weit erholt haben, dass man den drei Eisheiligen mit einem einfachen Schnupfen entkommen kann.

Und dann ist der Sommer da – die Ausstellung auf der Theresienhöhe wird eröffnet, im HOFGARTEN sitzt man unter Kastanien und Fremden, das Blockhaus und die Familienbäder an der Isar und in den Seen tun sich auf. In den Hotels blüht die

Fremdenstatistik, der vielsprachige Schutzmann (Armbinde: »Auskunft«) sagt dem Mann aus Sonthofen oder aus Buenos Aires, wo das DEUTSCHE MUSEUM liegt, und der GLASPALAST mit seinen 7824 Bildwerken wird in Gegenwart des Kultusministers unweigerlich eröffnet. Wandernde Schauspieler beginnen ihr Gastspiel, die Mittelständler und Werktätigen von Nord und Süd ihre Kongresse. Der Bahnhof ist dekoriert, die Elektrische voll von deutschen Dialekten, und im Hofbräuhaus erzählt der nur an der Nase rötliche Dienstmann dem Strumpfwirker aus Chemnitz vom König Ludwig II. Nun gehört München denen, die es zahlen können. Und die Ansichtskarte illustriert das gesamte Leben. Nackte Knie zeigen den Mann und Nichts-als-ein-Jumper mit einem Rocksaum darunter die Frau. Loden, das heilige

Tuch, ist nicht mehr so gefragt wie einst, dafür aber klirren immer noch die eisernen Nägel unter den Schuhen und die blechernen Zwingen an den Stöcken. Oberammergau, Garmisch und Berchtesgaden beginnen am Odeonsplatz. Juhuhuhu!

So kommt zwischen Regengüssen, aufgerissenem Asphalt und Rucksäcken aus Sachsen der August in Extra- und Ferienzügen heran. Und schon tut sich das große Portal der Festspiele im PRINZREGENTENTHEATER auf. Hier stößt die kurze Wichs mitleidslos mit dem Frack zusammen und die Mittelmäßigkeit mit dem Genie. Das arithmetische Mittel aus diesen Extremen entpuppt sich als genius loci!

In den Hotelhallen lernt der hundertprozentigste Amerikaner sich mit sich selbst beschäftigen, weil ihm der Partner zu geschäftlicher Konferenz fehlt. Die PINAKOTHEKEN, die GLYPTOTHEK, das RESIDENZ-, das ARMEE- und NATIONALMUSEUM strömen ihre Bildungsschätze auf ihn aus – und im DEUTSCHEN MUSEUM wird er, wenn er eine größere Spende macht, dem Oskar von Miller, dem Papst der Technik, vorgestellt. München lässt seiner nicht spotten – es hat's in sich und gibt's von sich, und keiner schreitet unbeschenkt und unversteuert von dannen. Dieser Amerikaner mag nun seinen Schritt setzen, wohin er will, er ist Münchens voll und wird, wie die diversen Reiseandenken in seinen Koffern, die tiefen Eindrücke in seinem anders gearteten Gemüt unterzubringen haben.

Und das Jahr geht weiter! Der September holt nochmals den Sommer auf, wie auch den zweiten Ausstoß des Märzenbiers, und gipfelt im OKTOBERFEST, das in der letzten Septemberwoche beginnt. Von der Theresienwiese, hinter der an klaren Tagen die Berge sichtbar mitfeiern, steigt der süße Biernebel über die Stadt.

Achterbahnen donnern, die kostbaren Geschirre der Biergäule vor den schweren Wägen klirren, der Musiker steigt ins Kostüm und das Publikum aufs Hippodrompferd und zu den am waagerechten Spieß gebratenen Hähndeln oder zu den am senkrechten Spieß steckenden Bratfischen. Die Nase erlebt Strapazen, das Ohr hört die Sphären aus Jahrhunderten und der Kopf, der Kopf träumt davon, wie alles wäre, wenn das Bier nicht wäre, und kommt zu der Erkenntnis: Am Anfang war das Bier! Und am Ende ist – um Mitternacht! – die echte bayrische selige Gemütlichkeit wie eine Melodie, deren Text da lautet: »Gsuffa!«

In den Wochen des Oktoberfestes gehört München den Landbewohnern. Sie kommen mit ihren schönsten Kühen, Kälbern, Ochsen und mit den alten Talern an der Uhrkette und mit dem

Gamsbart am Hut und stehen vor und in und über der Stadt und sprechen: Das bist du, wir sind du! Und sie haben schon recht damit. Denn was und wie wäre München ohne seine Bauern? Und München ist sich und ihnen getreu – deß' zum Zeichen feiert es sein Oktoberfest. Zu ihm ruft es die Bauern, wie zu den Festspielen und Ausstellungen die Ausländer oder zum Fasching die deutschen Brüder. Der »ALTE PETER« über dem Marientor und die FRAUENTÜRME – sie winken über die Provinz, über das Reich, über die Welt. München hat für alle seine festliche Zeit!

»Alte, schür nach! Auf der Freisinger Landstraß' is a Handwerksbursch erfror'n.«

Nun aber ist's Herbst, und die Blätter fallen, und die Konzerte und Premieren beginnen. Und Nebel ist da, und die Bilanz wird gemacht, und der Regenschirm grassiert. Du stolperst durch die Straßen – o Oktober, o November! –, schleichst durch die Tandlerläden, über den Viktualienmarkt, um die Bräus herum –

wohin, wohin? Vielleicht zur DULT in der Au! Dort kannst du alles kaufen, von der Regensburger Wurst bis zum Louis-Seize-Möbel, vom Kinderballon bis zur Schwergraphik. Hier ist – im Früh- und Spätjahr – die Rumpelkammer Münchens entriegelt zum Stöbern und Schmökern. Hier trifft sich der treue Liebhaber des Kitsches mit dem Spürhund der Kultur. Auch hier schlägt das Herz der Stadt!

Und dann rinnt die Zeit ins Weihnachtliche, und aus Fest und wieder Fest hat sich das Jahr vollendet.

WIE NUN ABER VERBRINGT MAN EINEN TAG IN MÜNCHEN?

Die großmächtige Kleinstadt München legt Wert darauf, dass jeder Besucher alles, aber auch wirklich alles sieht, was sie besitzt und zu bieten hat. Das ist einer der Gründe, warum sie keine Untergrundbahn duldet. Denn wie sollte man unter der Erde die Frauentürme und die Denkmäler und die Feldherrnhalle und das Siegestor sehen? München ist darauf eingestellt und dafür gebaut, um den Einheimischen und Fremden die Augen aufzureißen. Entfernungen? Sie zu überwinden, genügt die Straßenbahn, die sich aber auch nicht sonderlich beeilt, ohne darin von den Taxis beschämt zu werden. Wir haben vieles, wir haben alles, wir haben auch Zeit!

Der Herr aus Preußen, der sich in einer frühen Morgenstunde aus dem Schlafwagen schält, soll das Wort »Tempo« aus seinem Gehirn austilgen. Bevor er ins Gebirge fährt, um dort mit nichts als der Natur konfrontiert zu werden, macht er in München einen eintägigen Kursus im Zeithaben durch. Das will die bayrische Pädagogik so!

Also bitte, Herr Schulze, ins Hotel! Keines ist so weit vom Bahnhof entfernt, dass Sie nicht Ihr aufsichtsrätliches Haupt zu Fuß hintragen könnten! Um den Bahnhof herum lagern schon ein paar Dutzend Fremdenhäuser aller Grade, die feineren sind mitten in der Stadt, aber selbst die mittelste Mitte ist in acht Minuten zu erreichen. Herr Schulze, ausgeschlafen wie Sie sind, gehen Sie! Und bleiben nun eine gute Stunde mit sich oder dem leutseligen Hotelpersonal allein, waschen die Börse oder die Politik aus Ihren Gehirnganglien heraus und werden nun – in einer Stunde! – zum Müßig- und Fußgänger. München harrt Ihrer!

Bald nach 10 Uhr sind Sie reif für den »FRANZISKANER« und zur Entgegennahme einer Erstausgabe der Münchner Weißwurst. Sie schmeckt – wie schmeckt sie doch nur? Genau wie ein angebrochener Vormittag. Der Senf gibt erst den Geschmack und das Bier erst das Fluidum dazu. Hundert Worte Bayrisch, vom Tischnachbarn bereitwillig beigestellt, schaffen die Atmosphäre. Herr Schulze, nun erst sind Sie angekommen!

Wenn Sie den »Franziskaner« verlassen, sagen Sie schon nicht mehr »Mahlzeit« oder »Tach«, sondern »Grüß Good«, worüber sich das ganze Lokal freut. Mit leicht umflortem Blick stoßen Sie in die Theatinerstraße vor, machen schon ein paar Einkäufe, sehen, dass es auch in München Bankpaläste gibt und kommen zum Marienplatz, wo der Verkehrsschutzmann und das Glockenspiel das Straßenleben komplizieren und in streng geregelte Stockung bringen. Durchs Marientor ins »Tal« verlieren Sie sich in vielen engen Gässchen und Winkeln, haben überall eine nahe Witterung vom HOFBRÄUHAUS und landen gegen ihren Willen – im »SOLLER«. Hier herrscht der Münchner »Lucki«. Sie verstehen kein Wort seiner Sprache, in der er die letzten Erlebnisse mit der Münchner »Kriminal« zum Besten gibt. Sie essen – Gehen macht hungrig – ein Tellerfleisch oder »Regensburger in Essig und Öl« und trinken dazu – Essen macht durstig! – eine Halbe Dunkles und einen Enzian.

Wie Sie dann an die Isar gekommen sind, lassen wir Ihre Sache sein. Aber was Sie hier sehen, macht Ihr geschätztes Auge

Am Chinesischen Turm

wieder hell. Das kolossale Deutsche Museum oder das Maximilianeum oder der »Friedensengel« oder die grünen Wellen der Isar – Sie brauchen keinen Baedeker, die Stadt ist selbst wie ein aufgeschlagenes Buch und Sie brauchen nur zu blättern. Da sind Sie auch schon im Englischen Garten und haben die Wahl, ob Sie am Chinesischen Turm oder am Kleinhesseloher See das vom Bier her organisch notwendige Spätvormittagsschläfchen tun wollen. Der Einheimische wird sich schon seinen Reim darauf machen, wenn er Sie schlafen sieht. Da naht sich Ihnen mit lieben Naturlauten ein echter Droschkenkutscher und befiehlt Ihnen, mit seinem Wagerl zum Aumeister zu fahren. Eine halbe Stunde rollen Sie zwischen Bäumen und Rasen und kommen zu einem biedern Gasthaus, das Sie schon von Weitem vermittels Kalbsbratensaucenduft wieder ganz wach gemacht hat. Hier, zwischen Pärchen und Pensionierten beiderlei Geschlechts, erkennen Sie am Kälbernen oder auch Schweinernen die Besonderheiten der bayrischen Küche, die aus einem reichen Sprachschatz zehn verschiedene Namen für immer die gleiche Speise schöpft. Dies erkannt habend, rollen Sie – haben Sie Helles oder Dunkles getrunken? – ins Hotel zurück und auch schon ins Bett und träumen davon, dass Sie eigentlich ganz woanders, vielleicht sogar im Hotel hätten essen wollen.

Das ärgert Sie noch beim Aufwachen und Sie besinnen sich auf sich selbst, nehmen als energischer Mensch ein Auto, fahren nach einem kurzen republikanischen Blick auf Residenz und Hofgarten nach NYMPHENBURG – schon wieder eine Masse Bauwerk und Park! –, von da in kühnem Bogen nach Schleißheim – das Gleiche! – und von hier nach Dachau, wo es auch so Ähnliches gibt. Auf dem Rückweg fragt Sie der Chauffeur, warum Sie nicht ins Isartal gefahren sind, und während Sie ihn bezahlen, um im CAFÉ LUITPOLD rasch alte Erinnerungen aufzufrischen, erzählt er Ihnen, was Sie von Grünwald bis Ebenhausen für Ihre Bildung und Erholung hätten tun können.

Immerhin ist es noch früh am Nachmittag und Sie könnten den berühmten Bekannten, den jeder gotterschaffene Mensch in München hat, aufsuchen. Da springt Sie jäh die Frage an, wo man eigentlich in München wohnt. Die Kellnerin sagt es Ihnen: »Wenn man ein Auto hat oder Zeit, jenseits der Isar in Bogenhausen, und wenn man keines hat oder einen Beruf, jenseits des Siegestors in Schwabing.« Den Bekannten erreichen Sie aber nicht, denn er ist noch im Hofgarten oder schon bei einem Tarock oder

Im Mathäser Bräu wurde das »Laufende Band« eingeführt.
Diese maschinelle Bedienung führt dem Gast in der Stunde zehn Liter Bier zu.

gar beruflich abwesend. Da haben Sie ganz recht, den Vormittag fortzusetzen und zum Bier zu gehen. In den LÖWENBRÄUKELLER oder ins BRATWURSTGLÖCKL oder gleich in den MATHÄSER. Da gibt's gerade warmen Leberkäs, der wie ein abdämmernder Nachmittag schmeckt und viel Salz und Pfeffer braucht, um sich in den Bereich der Genussmittel zu erstrecken. Dunkles Hausbrot und Bier dazu bringt man Ihnen auch gegen Ihren Wunsch. Denn Sie sind ja hier Gast!

Da tritt Ihr Bekannter in seiner vollen Körperlichkeit zu Ihnen an den Tisch, ist entsetzt, dass Sie nicht lieber eine halbe schön abgebräunte Kalbs- oder Schweinshaxen gegessen haben, fragt streng, ob Sie vormittags vielleicht sogar auch die weltberühmten Schweinswürsteln beim SPÖCKMEIER versäumt haben, und ist versöhnt, wenn Sie Besserung geloben. Mit ihm gehen Sie auf einen Sprung ins CAFÉ STEFANIE, um nochmals alte Zeiten aufleben zu lassen. In diesem ehrwürdigen CAFÉ GRÖßENWAHN ist heute freilich die Bohème sehr dünn, nur das Schachspiel noch dick gesät. Sie trinken eine Melange und nehmen dazu eine »Schnecke«, in der die Rosinen das Münchner Wohlleben verkörpern.

Ihr Bekannter, lieber Herr Schulze aus Berlin, schlägt Ihnen ein Abendprogramm vor: Bierkeller oder Theater oder Kabarett oder Volkssänger? Er könnte Sie auch mit in die »HÖLLE« nehmen, wo Kunst und Kleinkapital das Wort Klub ins Münchnerische übersetzt haben, oder zu einer der vielen Kegelbahnen, wo auch der feinste Mann sich in Hemdsärmeln bewegt, oder in eines der feineren Speise- und Musiklokale, in denen die internationale Küche ein exterritoriales Münchner Dasein führt. Ich weiß nicht, wozu Sie sich entschließen werden, Herr Schulze, aber ich rate Ihnen Folgendes: Spielt Waldau, dann gehen Sie ins Staatstheater; spielt Rühmann, ins Schauspielhaus; zu Wagner gehen Sie in die Oper, zu einem Dialektstück ins Volkstheater und zu einer süddeutschen Operette ins »GÄRTNERTHEATER«!

Tun Sie, was Sie wollen, aber die Nacht werden Sie sich um die Ohren schlagen – bis gegen drei Uhr, dann zum Kaffee in den Bahnhof und zur Weißwurst in den »DONISL«, wo gegen Morgen aufgemacht wird. Hier finden Sie Nachtschwärmer, Speicherdiebe, Mädchen, Studenten, Verschwörer, Heilsarmeesoldaten, Händler und Lebemänner aller Art. Hier gibt es keine soziale Frage und keinen Kampf der Parteien. Denn der Wirt und sein Hausknecht sind die Stärkeren und dulden keine andern Fäuste neben sich.

So, und nun können Sie ins Gebirge reisen, lieber Herr Schulze! Sie haben sich mal wieder in München umgesehen und Ihr hochmütiges Berliner Herz mit der lächelnden Überzeugung angefüllt, dass München doch nichts als ein Dorf sei. Freilich – in die Brauereien, in die Maschinenfabriken von Maffei u. a., in die Möbelfabriken und kunstgewerblichen Anstalten aller Art hat Sie kein Weg und kein Bedürfnis geführt. Sie haben gesehen, dass man am Odeonsplatz Tauben füttert, am Marienplatz einem Glockenspiel zuhört, am Karlsplatz die von der Revolution her noch sichtbaren Geschoßeinschläge im Justizpalast anstaunt, am Bahnhofsplatz Brezeln und einen oder zwei Tage alte Berliner Zeitungen verkauft – und das alles ist für Sie, Herr Schulze, Dorf!

Darauf möchte ich Ihnen, um nach Ihrem Munde zu reden, antworten: »Nu, wenn schon!« Aber haben Sie auch bemerkt, wie

über unseren Plätzen und um unsere Kirchtürme das Sonnenlicht glänzt, haben Sie in diesem Licht unsere Monumente, aere perennius, leuchten gesehen? Nun denn, Herr Schulze, München ist eben der Übergang von Stadt zu Natur, eine Zwischenstation zwischen Betrieb und Trieb, eine Residenz der Ruhe, Beschaulichkeit und des Selbstvergessens. Wir brauchen so etwas in Deutschland, Sie selbst, Herr Schulze, können und wollen es nicht entbehren; also ist München die Stadt zum Atmen, zum Aufatmen – ein Protest gegen die Atemlosigkeit der Zeitgenossen. München ist ein riesiger Stapel- und Vorratsplatz für den überaus gesuchten Artikel »Zeit«.

VON DER VERSCHWIEGENEN GEMÜTLICHKEIT, VON DER WEISSWURST UND DER AUSGEGLICHENEN SEELE

In München wird offiziell gern und mit Ausdauer getrunken. Man mag das als Hygieniker oder Volkswirtschaftler verurteilen, aber man darf sich dennoch der Einsicht nicht verschließen, dass München andrerseits auch die Stadt des immer mehr in Verfall geratenden idyllischen Suffs ist, der dem Menschen Gelegenheit bietet, sich in den Pausen zwischen Arbeit und Familienbetätigung auf sich selbst zu besinnen.

Entspannung! heißt das große Wort, das alle im Munde führen. Jede Woche bringt eine neue Heilslehre, jeder Tag ein sensationelles Beglückungssystem – alles umsonst!

Der Münchner weiß, dass er nach Erledigung seiner Tagespflicht weder Bücher zu wälzen, noch seelisch zu müllern oder an sektiererischen Übungen teilzunehmen braucht, um das etwa erschütterte Gleichgewicht wiederherzustellen.

Er eilt in sein Beisel.

Ein Beisel ist eine Weinstube, deren Wirt etwas vom Trinken versteht – oder auch nicht, was zur Folge hat, dass es bei ihm immer einen guten Schoppen gibt – oder auch nicht.

Im ersteren Falle findet man jahraus, jahrein die nämliche Runde von Männern probierend und immer wieder die Ehrenhaftigkeit des Wirtes bezeugend um den Stammtisch versammelt. Einige von ihnen sind gewöhnlich mit roten, andere mit mehr ins bläuliche spielenden Nasen geschmückt, deren satte Färbung Bände von Anerkennungsschreiben aufwiegt.

Konrad Dreher

Unter den Schoppentrinkern gibt es Idealisten, die, selbstlos für das Gemeinwohl erglühend, beständig reihum auf der Suche sind, wo gerade der Weiße oder der Rote oder das Beuscherl oder der Presssack besonders preiswert sind. Denen bedeutet die erworbene Kenntnis – und das ist auch ein Beweis für die wohltätige Wirkung des idyllischen Suffs – um Himmels willen kein Geheimnis. Sie raunen es Würdigen und Unwürdigen mit Leidenschaft ins Ohr und sind glücklich, ein Werk sozialen Gemeinsinns zu verrichten.

Man findet solche Beisel im Zentrum wie am Sendlinger Tor, in den Seitenstraßen am Bahnhof wie am Marienplatz. Ihre Zahl ist Legion.

Man frage einen schlichten Mann aus dem Mittelstand nach einem »gemütlichen Beisel«, und ehe man sich's versieht, wird man sich in einen Zirkel jener eingereiht finden, die auf verblüffend unaufdringliche Art Entspannung üben.

Das Studium des interessanten Milieus wird dem Neuling über den ersten Eindruck leichten Befremdens rasch hinweghelfen. Die infolge temperamentvollen Hervortauchens der Kellnerin aus dem Virginianebel frei gewordene Atmosphäre ermöglicht dem überraschten Auge einen vollen Blick auf das am Ehrenplatz hängende Öldruckporträt des romantischen Königs Ludwig. Darunter werden nicht selten einige Originalzeichnungen heimischer Künstler sichtbar, und auf dem Stammtisch erhebt jener bronzene Ritter seine Lanze, dessen Untergestell bisweilen auch als Aschenbecher verwendbar ist.

Es kann geschehen, dass dem Eintritt des unbekannten Gastes zunächst eine längere Gesprächspause am Stammtisch folgt. Er lasse sich dadurch aber nicht beirren, sondern bestelle kühn den Schoppen, der am Stammtisch getrunken wird, worauf sich leichtes Wohlwollen von dort in der Richtung auf ihn konzentriert.

Wenn es Weißwürste gibt, bestelle er welche, schneide deren Haut aber ja nicht mit dem Messer auf – damit wäre seine Position dem Stammtisch gegenüber aussichtslos geworden – sondern ergreife die ganze Wurst mit der Rechten, wälze sie ausgiebig im Senf und »zuzle« ihren Inhalt in der Art wie Säufer aus der Flasche trinken, unter behaglichem Stöhnen und Schmatzen in sich hinein.

Direktor Dengg und Zitherspieler Edi Kiem

Eine am Stammtisch abermals einsetzende Gesprächspause, die vielleicht sogar von zustimmendem Brummen unterbrochen wird, sei ihm Beweis, dass wesentliche Einwände gegen ihn als Fremdkörper nun nicht mehr zu befürchten sind.

Eigentlich brauchte er nun nur noch »Loabitoag« richtig auszusprechen – jenes berühmte Wort, das Laiblteig – von Brotlaib! – bedeutet und an dessen fehlerloser Wiedergabe laut Oberstlandesgerichtlicher Entscheidung in Zweifelsfällen der geborene Münchner unter allen Umständen zu erkennen ist. Aber um zu dieser Probe zugelassen zu werden, müsste der Fremde denn doch erst einmal durch wiederholte Kundgabe »zünftiger« Gesinnung auf Herz und Nieren geprüft worden sein. Genug, dass er die Weißwurst in Ehren bestanden hat!

Mittlerweile hat sich – und das ist nun schon ganz südlich – ein fahrender Sänger mit Heimatliedern zur Zither aufgetan. Er singt zunächst Weisen von jener schlichten Innigkeit, die nie verfehlt – und dem Fremden, der am merklichen Zerflattern seines Komplexes bereits mit Entzücken die wohltätigen Folgen der Entspannung bemerkt hat, kann nun, wenn er gemeinsam mit der ganzen Runde in das Lied »Dahinten in der Wachau« einstimmt, überhaupt nichts mehr passieren. Im Gegenteil, es erfolgen bereits aufmunternd prostende Zurufe wie: »Gel, da schaug'n S', Herr!«, »Zünfti san ma bei'nand!«, »Da feit si nix!«, was alles dem nach originalem Volkstum lüsternen Fremden immer deutlicher zu Bewusstsein bringt, dass es noch Ruhepunkte gibt hienieden.

Reisenden mit vorwiegend sinnigem Einschlag ist zu raten, dass sie etwa nach dem Rundgesang »Zillerthal, du bist mei' Freid!« abbrechen. Es empfiehlt sich, für den Heimweg noch den stärkenden Eindruck des hier unvermeidlich anschließenden Jodlers mitzunehmen und dann unter herzlichen Dankesworten – bei denen ein naives Bemühen, die preußischen oder sächsischen Heimatklänge dem Bayrischen tastend anzunähern mit dankbarer Heiterkeit vermerkt wird – beruhigt ins Hotel zurückzukehren. Ein deutliches Gefühl der Erleichterung und Stimmungshebung wird sich bereits vor dem Lokal bemerkbar machen.

Weniger diffizilen und mehr sinnenfreudigen Naturen bietet sich indessen im weiteren Verlauf erst Gelegenheit, im Mitgenuss des gepfeffert Volkstümlichen zur Urkraft vorzudringen.

»Hast ned g'sagt, dass d' a Maß mit hoamtragst und koan Tropfen verschüttst, zum Zeich'n, dass d' koan Rausch hast? Wo is denn dös Bier?«
– »Ja, schau, mit mein Schiaber hätt i ja alles verschütt!«
– »Dummer Kerl, na hättst holt a Flaschenbier g'numma!«

Gesteigerte Daseinsfreude führt zur Demonstration praktischer Scherze an aufkreischenden Objekten, die aber darum keineswegs böse sind. Der fahrende Sänger eröffnet den zweiten Teil seines Repertoires mit Balladen von Rabelais'scher Saftigkeit, denen die Eingesessenen selig hingegeben lauschen. Zurufe wie »Lump, ausg'schamter!«, »Saubär!«, »Elender Bazi!«, drücken sowohl Lustgefühle wie dankbare Zustimmung aus.

Der mit guten Nerven ausgestattete Zuhörer gewinnt – auch wenn er des nur zu echten Dialektes wegen wenig versteht – die Gewissheit, dass ein gesundes und kerniges Geschlecht allen Bemühungen entnervter und destruktiver Elemente mit den liebenswürdigsten Mitteln Trotz zu bieten versteht.

Nachschrift des Verfassers:

Der bekannte heimische Gourmet und Weißwurstkenner C. G. von Maaßen, der auch wiederholt über dieses Thema publizierte, macht den Verfasser dankenswerterweise auf ein Versehen aufmerksam. Die Weißwurst wird von Münchnern so gut wie *nie zum Wein direkt* genommen, sondern entweder gegen Morgen, nach schwerem Gelage, und dann auch nur zu hellem Bier oder vormittags beim Frühschoppen. Im letzteren Falle ist allerdings Märzen, sogar Dunkles zulässig. Es soll auch – selbst von bewährten Stammtischlern – gelegentlich Weizenbier dazu genommen werden. Doch das sind Spezialisierungen, die für Außenstehende zu weit führen.

* * *

Wenn im vorstehenden Leitfaden von Beiseln die Rede war, so muss ausdrücklich betont werden, dass diese Bezeichnung, so beliebt sie im Volksmunde ist, von den Gastwirten selbst mit Erbitterung abgelehnt zu werden pflegt. Nur aus diesem Grund wurde hier davon abgesehen, eine Liste empfehlenswerter Beisel aufzunehmen. Es muss den Fremden überlassen bleiben, durch Gebrauch dieses Kennwortes im Publikum jederzeit einen gefälligen Wegweiser zu finden.

* * *

Welches sind nun aber Lokale höherer Art, in denen der nicht absolut auf kerniges Volkstum erpichte Reisende der nervenberuhigenden Übung des idyllischen Suffs obliegen kann, ohne darum des Zaubers der Münchner Atmosphäre verlustig zu gehen?

Da haben wir – gewissermaßen im Vorhof Schwabings – Ecke Schraudolph- und Schellingstraße die OSTERIA BAVARIA. Osteria und Bavaria. Mehr braucht man nicht zu sagen. Hier gibt es deutschen und italienischen Wein. Hier sitzen Geheimräte und Schriftsteller, Prinzessinnen und Kunstmaler friedlich beieinander. Man kann die durch ihren verwegenen Sturm und Drang bekannten Mitglieder der »Neuen Sezession« und man kann Adolf Hitler – falls man den Genuss seines Anblicks im Hofbräusaal versäumt hat – in ihren sterblichen Auswirkungen hier in aller Ruhe betrachten und am Bilde dieses harmonischen Beieinanders die innere Festigung gewinnen, die den sicheren Schlaf verbürgt.

In der Nähe des Sendlinger Tors, am Oberanger, bei MUTTER SCHMITT, trinkt man die besten Pfälzer Weine und isst jenen Weißkäse mit Schnittlauch, von dem der namhafte Gastrosoph Foitzick behauptet hat, dass er dem Pariser Creme d'Issigny zum Verwechseln gleiche. Hier kann man an Mittwochabenden die Künstler des »Simplicissimus« besichtigen, die ihre sprichwörtliche Bissigkeit so raffiniert zu verbergen wissen, dass sie – allen voran der berühmte Th. Th. Heine – wie Bilder aus dem deutschen Familienleben wirken und infolgedessen allgemeine Beliebtheit genießen.

Reisende, die für Gulasch im Zusammenhang mit Jodeln schwärmen, kommen bei der ZIRLER MIRL in der Sendlinger Straße auf ihre Rechnung. Die Wirtin durfte vor dreißig Jahren dem Kaiser Franz Joseph etwas vorjodeln und ihr Bild wurde daraufhin für das Belvedere in Wien gemalt, was alles man heute noch ihrem Gulasch, das sie eigenhändig bereitet, anmerken soll.

Es versteht sich, dass hier nur ein paar Proben solcher beruhigenden Münchner Lokale gegeben werden konnten – gewissermaßen um den Fremden nach mehr lüstern zu machen. Er wird aus alledem schon ersehen, dass unser Oberbürgermeister recht hat, wenn er immer darauf hinweist, dass München ein Kulturzentrum ist.

Denn Kultur bedeutet Ruhe.
Und Ruhe bedeutet Erholung.
Hollerolleroduliöh!
Wer mehr sucht, frage den Hotelportier.

SCHWABING – EINE LEGENDE?

»Schwabing« ist – wie die letzte Pferdedroschke – ein legendärer Begriff, der dennoch irgendwie in die Gegenwart reicht und mit einiger Ausdauer und Schläue dann und wann auch wirklich gepackt werden kann.

Geographisch liegt es im Norden der Stadt. Wenn man am Odeonsplatz die schöne THEATINERKIRCHE bewundert, die lieben Täubchen gefüttert und am kantigen Pfalz-Gedenkstein mit wehem Schienbein Anstoß genommen hat, braucht man nur die prachtvolle Ludwigstraße bis zum Siegestor hinunter und in der da beginnenden ebenso prachtvollen LEOPOLDSTRASSE weiter zu gehen, um sich alsbald – äußerlich – in Schwabing zu befinden.

Aber damit ist wenig erreicht.

Schwabing steht immer noch ordentlich und unverändert da. Männer, Frauen und Kinder bewegen sich normal uninteressant hin und her. Maßkrüge werden von Gassenschenken über die Straße getragen. Aufblickend sieht man da und dort an oberen Stockwerken jene verdächtigen Glasansammlungen, die auf Ateliers schließen lassen. Aber wie und wo befindet sich »Schwabing«?

Schwabing, über das die Gräfin Reventlow Romane gedichtet – Schwabing, in dem Wedekind einen Teil seiner Welt erlebt hat – Schwabing, das noch in der Rätezeit München bis zum Abdruck kommunistischer Psalmen in den »Neuesten« vergewaltigen konnte – ja, wo ist das phantastische Schwabing, von dem sogar der Amerikaner weiß, dass es eine der stärksten Attraktionen Münchens ist, die man gesehen haben muss?

Unter uns gesagt: Es ist ein Phantom und darum vielleicht das merkwürdigste, weil unergründlichste Kapitel eines Baedekers, das man sich denken kann.

Schwabing mir nichts dir nichts erleben wollen, hieße, die erwähnte Pferdedroschke auf Anruf erwischen; hieße, um ganz im Münchnerischen zu bleiben, beim erstbesten Tandler eine Kuriosität auf Anhieb finden.

Ganz im Vertrauen: Schwabing müsste eigentlich – und das würde wieder durchaus den Münchner Belangen angemessen sein – vom Freiherrn von Schrenck-Notzing auf spiritistischem Wege heraufbeschworen werden.

Freiherr von Schrenck-Notzing

So verwickelt und geheimnisvoll ist das mit Schwabing.

Aber – nur Mut! – es bewegen sich in diesen Bezirken trotz allem noch einige echte Schwabinger, die ihre Weltentrücktheit unbekümmert zur Schau tragen. An sie muss man sich wenden; sie müssen das Zauberwort murmeln, das die Tore der versunkenen Herrlichkeit wenn auch nicht gerade mit lautem Widerhall aufspringen, so doch mit leise romantischem Gequietsch sich öffnen heißt, wobei ein bisschen Staub und Mulm nicht zu vermeiden ist.

Am sichersten trifft man »den letzten echten Schwabinger« im Berliner Romanischen Café oder im Café du Dôme in Paris – und dies ist eine Tatsache, die unzweifelhaft nicht im Baedeker steht – aber von solchen Umwegen kann natürlich hier keine Rede sein.

So bleibt denn nichts übrig, als sich an eine der sagenhaften Erscheinungen heranzumachen, die Gott in seiner Unerforschlichkeit übrig gelassen hat, als die Sintflut der neuen Zeit über Schwabing hereinbrach, oder noch besser: einen jener Neuschwabinger Jünglinge zu chartern, die zwar, weil sie Mähne und Schlapphut nur mehr innerlich tragen, nach außen hin Menschen der Gegenwart vortäuschen, im Grunde aber trotz Auto und Boxmatch hoffnungslos mit dem Kainszeichen künftigen Schwabingertums behaftet sind.

Einer jener Jünglinge, die, der Kunstgewerbeschule oder dem Gymnasium entronnen, unter souveräner Verachtung handwerklicher Ausdrucksmittel sogleich damit beginnen, Genialität zur Schau zu tragen, nimmt den wissbegierigen Fremden, der einen zahlungsfähigen Eindruck macht, mit wohlwollender Schläue in die »BRENNESSEL« mit, die letzte Hochburg des Schwabingertums und von Originalität in der Tat nicht frei.

In dieser Weinstube, deren Wirt an martialischer Erscheinung und Repräsentationsbegabung unserm alten Hindenburg nicht nachsteht – wenn er auch sonst im Verhältnis zu ihm etwas verzeichnet wirkt –, in diesem von Romantik umwitterten Unternehmen wird der Fremde zum ersten Mal des Phänomens Schwabing als einer Realität teilhaftig: einer Synthese von Genialität und Muff, die markanter als irgendetwas sonst den Geist von Schwabing symbolisiert.

Aber die Genialität ist natürlich vorherrschend.

Da im Stadtbezirk Schwabing das alltäglich Banale und das Bedeutende hart beieinander auskommen müssen, so sitzen auch hier Wand an Wand Bürger und Künstler, die einen im Vorder-, die andern im Hinterzimmer, und wenn sie sich in der mit überlegenem Humor ausgeschmückten und mit goldigen Sprüchen ausgemalten Toilette begegnen, ist kaum der Kenner in der Lage, sie auseinanderzuhalten.

Klaus Mann

Die mit ausgestopften Krokodilen und vielen an zahlungsstatt gegebenen Malereien geschmückte Hinterstube ist seit Jahren der Schauplatz turbulenten schwabingischen Wesens. Hier war es, wo der starke Dichter Freksa den starken Bildhauer Behn im Nahkampf über den Schanktisch schleuderte. Ganz Schwabing sprach vier Wochen lang davon und noch nach Jahren wird es nicht vergessen sein. Hier vollbrachte der geniale Oskar Coester, über dessen Bilder vielleicht schon in zehn Jahren dicke Monographien vorliegen, des Öfteren das vielbewunderte Bravourstück, mitten in einer seiner berühmten phantastischen Darstellungen mit dem Ausruf »Trostlos!« wie ein Schatten unter den Tisch zu gleiten und ferner nicht mehr da zu sein.

Gibt es einen Fremden, der nicht von jener Lotte Pritzel gehört hätte, und ihren »perversen« Puppen? Hier an diesem langen Holztisch saß sie Abend für Abend neben »Marietta«, die unsterblichen Ruhm auf sich häufte, weil sie schon einen Bubikopf trug, als noch Schande und bürgerliche Ächtung darauf stand, und die nachgewiesenermaßen einmal so unanständig tanzte, dass sie deshalb vor Gericht kam.

Wo sind sie hin? Über ihren ehemaligen Plätzen hängen ihre Silhouetten, von dem verwegenen Engert geschnitten, der inzwischen auch so weit ins Bürgerliche abgeglitten sein soll, dass Gerüchte behaupten, er komme als Landtagskandidat in Frage.

Dann und wann erscheint hier auch – kometenartig vom vorderen Bürger- zum hinteren Künstlerzimmer schweifend – der bejahrte Poet, dessen Ruhm an der äußersten Peripherie unseres Vaterlandes noch lange nicht abgerollt ist. Man erfrage nötigenfalls vom Wirt seine Telefonnummer, lasse dem Meister gegenüber etwas von einer guten Flasche verlauten und warte sein Erscheinen in Geduld ab. Einige anregende und aufschlussreiche Stunden werden den Abend in jedem Falle zu einem lohnenden gestalten.

Dem nach Schwabinger Geist begierigen Fremden ist natürlich darum zu tun, endlich einmal dahinterzukommen, was es denn nun mit dem unsterblichen Begriff des »heiteren Künstlervölkchens« eigentlich auf sich habe. Wann und wo immer er Hinweise auf derartige Dinge studierte, hatte es jeweils den Haken, dass zwar beständig davon gesprochen, aber nie ein Fingerzeig gegeben wurde, wie man »es« erleben könne.

Die Angehörigen dieser Schicht, die, wie schon erwähnt, die äußeren Attribute von ehemals nicht mehr sichtbar zur Schau tragen und darum nur zu leicht mit Bürgern verwechselt werden können, beschäftigen sich auf rätselhafte Art damit, von der Luft zu leben, die allerdings in Schwabing reiner und ozonhaltiger ist als in anderen Stadtteilen. In der heißen Jahreszeit widmen sie sich mit Vorliebe an den rauschenden Fluten der Isar der Nacktkultur. Man kann sie, angenehm gebräunt, im Münchner Lokalbad MARIA-EINSIEDEL antreffen, das in der Nähe des ehemaligen Tierparks Hellabrunn inselhaft-idyllisch an Bali und andere Südseeangelegenheiten erinnert und im Volksmund aus naheliegenden Gründen Zweisiedel genannt wird.

Dem Reisenden, der das Studium Schwabings mit einem leichten dionysischen Überschwang zu vereinigen wünscht – und beide Sparten lassen sich ja gut unter einen Strohhut bringen –, ist eine Besichtigung dieses Münchner Nacktbezirks dringend anzuraten. Er wird, über unübersehbare Gruppen entblößter Damen und Herren vordringend, durch Ausrufe wie die folgenden plötzlich zum Stehenbleiben veranlasst werden:

»Im vorigen Jahr hätt' ich beinah' ein Bild verkauft!«

»Als Kinoportier hätt' ma' halt no' a Zukunft!«

»Jetzt noch drei Sommer hier draußen und drei Winter in der ›Brennessel‹ und dann bin ich immer noch nicht Professor!«

Das sind Angehörige des heiteren Künstlervölkchens.

Wehmut folgt, sommers und winters, ihrer Spur; Kramerinnen und Ministerien, Följetongs und Ateliervermieter kämpfen gegen sie – aber der himmlische Vater ernähret sie doch.

Wenn die Schwabinger Maler schon im Sommer nicht zum Malen kommen, weil einesteils der Sonnenkult sie abhält und andernteils doch kein Mensch nach einem Bild verlangt – wie sollten sie in der rauen Jahreszeit dazu kommen, wo sie vormittags von den Strapazen nächtlicher Sitzungen ausruhen müssen und am Nachmittag kein Licht mehr haben?

Indessen *gibt* es Schwabinger Kunstprodukte – man lasse sich als Fremder nicht abschrecken, sich gelegentlich als Mäzen zu kostümieren. Niemand scheue davor zurück, vier Treppen hoch zu steigen, denn einmal oben, wird man als Zugereister von distinguiertem Äußeren um jeden Preis – den man noch dazu nicht einmal zu zahlen braucht – zu einer jener bacchantischen Veranstaltungen eingeladen werden, die sich unter dem Namen ATELIERFESTE in der Provinz eines mit angenehmem Gruseln verbundenen Ansehens erfreuen.

Hat sich je ein Mensch aus einem Nachschlagwerk zuverlässig informieren können, wie ein SCHWABINGER BACCHANAL beschaffen ist?

Keineswegs. Denn warum?

Ein Schwabinger Bacchanal ist überhaupt nicht beschaffen; es ist ein durch Harmlosigkeit entwaffnender Versuch, sündhaften Überschwang vorzutäuschen. Auf der Basis mehrerer am Boden nebeneinandergerückter Matratzen und zwanglos verstreuter

Kopfkissen pflegt sich unter Personen beiderlei Geschlechts eine Debatte über Vorschussmöglichkeiten zu entwickeln, die im Falle hinreichender Alkoholzufuhr möglicherweise bis zu jenem turbulenten Höhepunkt gesteigert werden kann, der bei Turnvereinsfeiern in Langensalza oder Bunzlau eben noch als orgiastisch empfunden wird.

Der Fall, dass zugereiste und als Mäzene kostümierte Fremde bei Atelierorgien in ihrem sittlichen Bewusstsein so weit geschädigt wurden, dass sie in kopfloser Verwirrung zum Ankauf eines Bildes schritten, ist seit Jahren nicht vorgekommen. Eine unmittelbare Gefahr, dass der Fremde sich bei Schwabinger Bacchanalen einesteils amüsieren werde und andernteils diese Beeinträchtigung seines Seelenlebens pekuniär zu bereuen habe, besteht also keineswegs.

Überhaupt muss sich der Fremde bei der Bereisung und Erfor-

schung Schwabings ständig vor Augen halten, dass an historischen Stätten nicht so sehr die grobsinnliche Freude an der Erscheinung selbst den sublimen Reiz ausmacht als vielmehr die feinsinnige Reflexion, wie fröhlich alles gewesen sein mag, als Schwabing noch mehr war als berühmt.

Zu Schwabings jugendlichsten Erscheinungen ist zweifellos Kathi Kobus zu rechnen, die in unentwegter Rüstigkeit seit einer Reihe von Jahren ihren siebzigsten Geburtstag feiert und nicht müde wird, in rührenden Anekdoten der Zeiten zu gedenken, da Bismarck und Windthorst als schäumende Jünglinge mit ihr im Walzer dahinschwebten und Ferdinand Freiligrath als Erster im »Simplicissimus« seine Gedichte deklamierte.

Man suche Kathi in der Türkenstraße auf, wo man, von der Theresienstraße herkommend, jenen roten Hund, den sie einst mit List aus Th. Th. Heines berühmtem Plakat entlehnte, schon von Weitem aufleuchten sieht. Sofern sie nicht gerade auf dem Podium ein Verschen von Stieler zirpt, wird sie sich gern bereitfinden lassen, bei einer Flasche Sekt über Schwabing zu berichten, wie es sich einst um sie herum gruppierte. Alles, was jemals in München Ruf und Namen hatte – hohe geistliche Würdenträger etwa ausgenommen –, huldigte dem Geiste Schwabings.

Ist es doch Eingeweihten kein Geheimnis, dass seinerzeit unter anderem kein Geringerer als Eduard VII. ein Stündchen bei Kathi verbrachte, wobei es zu der historischen Szene kam, dass sie, auf sein charmantes Getändel in allen Ehren, aber humorvoll reagierend »Du Böser!« zu ihm sagte. Auch nachher sind noch viele hohe und erlauchte Gäste – alle auf der Suche nach dem berühmten Geist von Schwabing – in den bescheidenen Räumen Kathis eingekehrt. Patriotischen Sammlern kann auf Wunsch ein Verzeichnis der Namen großer Gäste jederzeit angefertigt werden; die gewöhnlichen haben ihre Autogramme an den Wänden eines abgelegenen Sonderzimmers eigenhändig hinterlassen.

Zu den angenehmsten – weil nachweisbarsten – Besitztümern Schwabings gehört der Englische Garten oder doch der Schwabing am nächsten gelegene Teil desselben.

Im Umkreis dieser vom englischen Grafen Rumford – der später als Erfinder einer Kraftsuppe für Soldaten in die Unsterblichkeit einging – angelegten Wald- und Wiesenserie, unter romantischen und offenbar noch von Meistern der Altmünchner Schule entworfenen Bäumen findet in warmen Sommernächten ekstatische Naturbetrachtung statt, die bisweilen zur Folge hat, dass die Verkünder der Legende von Schwabing nicht ganz aussterben.

Ein nächtlicher Rundgang durch diese Gegenden ist dem Reisenden anzuraten; er riskiert dabei keinerlei Gefahr – schon weil die Polizei, die in München alle sittlichen Belange doppelt scharf überwacht, von Stunde zu Stunde die idyllischen Ruhebänke mit Taschenlampen ableuchtet und die vorgeschriebene Entfernung zwischen den Liebenden mit dem Zollstab nachmisst.

EHRENTAFEL DER MÜNCHNER KÜNSTLER UND SCHRIFTSTELLER

München ist »die« deutsche Kunststadt – das ist ohne alle Umschweife und Ironie wahr! Ob eine Stadt jenen Titel verdient, hängt ja nicht von der Zahl und Art der in ihrem Bereich produzierten oder umgesetzten Kunstwerke ab. Mit Statistik lässt sich da nichts erweisen oder widerlegen. Denn der Begriff »Kunststadt« ist kein objektiver Befund. Er wurzelt völlig im Subjektiven: Ob man in einer Stadt Kunst zu finden hofft oder das Dasein von Kunst fühlt, das heißt: ob eine Stadt dich so anschaut, dass du glaubst, hier muss Kunst sein, oder ob die Künstler sich hier als Stand und Bestandteil der Stadt fühlen usw. Das Objektive überdies, das München zu »der« Kunststadt macht, ist zweierlei: An keinem deutschen Stadtbild hat, geistig und bildnerisch, so viel Kunst mitgewirkt – Kunst jeder Art und Herkunft, nicht bloß »nationale« Kunst, sondern aus allerhand deutschen und außerdeutschen Bezirken; und keine andere Stadt ist von der Natur so bevorzugt und von der Zivilisation in ihren äußerlichen Merkmalen so verschont wie München.

Thomas Mann

Darum »fühlt« sich hier der Künstler und darum fühlt er sich wohl. Und darum hinwiederum kann er, inoffiziell mehr als offiziell, das Stadtbild, das menschliche und geistige, wesentlich beeinflussen.

Somit: Der Künstler ist trotz allem und allem die prominenteste Münchner Erscheinung. Und Kunst flaggt in allen Farben und Formen über der Stadtsilhouette.

Wie nun der Leib und Geist der Produktiven das Stadtinnere, das Herz, den Magen und die Gedärme Münchens erfüllen, das steht nicht im Baedeker und muss deshalb hier stehen. Schließlich und endlich sind das Essenzielle und der Inhalt einer Kunststadt die Künstler und was sich in ihrem und um ihren Kreis herum bewegt. Hier erhebt sich der Schrei nach den Personalien. Soll ich Schreiber und Beschreiber nun, bemüht und beflissen, die Straßen entlanglaufen wie ein Hundefänger und jeden, der mir gerade aus der künstlerischen und geistigen Prominenz ins Netz läuft, benennen, betiteln und beschreiben? Soll ich in den Frieden der Häuser und Ateliers eindringen und mit einem beschriebenen Blättchen zu meinem Manuskript und zu diesem Buch rennen? So mancher geht nicht auf die Straße, und ein anderer ist nie zu Haus! Oder soll ich die Damen und Herren, in denen sich Münchens Ruhm personifiziert, an ihren Stammtischen, bei den Tees oder im Frauenklub aufsuchen und sie so

Heinrich Mann

einfangen? Auch dies ist unzuverlässig. Darum her mit dem Alphabet, in dem wir alle begraben liegen und aus dem wir ebenso vollzählig alle auferstehen zu der Existenz, die uns ein Gott verliehen hat. In München gibt es allerhand Mäler und Tafeln und Verzeichnisse. Nach diesem autochthonen Vorbild lasst uns eine Ehrentafel errichten – von A bis Z, vom Aufstehen bis zum Zubettgehen der Musen zu München.

Wir wollen, die Buchstaben entlanggehend, da und dort einen nennen, nicht so viele wie das Künstlerlexikon und der Kürschner, aber doch genug Gestalten aller Sorten und Arten, dass die Vielgestaltigkeit der geistigen und künstlerischen Metropole dadurch erwiesen wird. Und wenn über die Gestalten ein Urteil gefällt wird, so sei gleich gesagt, dass es parteiisch, schief und nahezu lieblos ist. Protestiert einer dagegen, so hat er recht. Protestiert einer nicht, so habe ich trotzdem noch nicht recht.

Und nun, ihr Schatten, rötet euch zur:

EHRENTAFEL

BAHR, HERMANN

Lebt zwischen Gott und Literatur. Geht als frommer Pilger mit Bart und Kniehosen spazieren. Wie er privat aussieht, weiß man nicht. Züchtet und pflegt in eigenem Treibhaus die Sehnsucht nach Wien.

BLEEKER, BERNHARD

Denkt und dichtet in Erz – bald den toten Ebert, bald einen verflossenen Kronprinzen. Er liebt den Staub ins Erhabene zu ziehen und, ein kindliches Gemüt, auf Marmorfliesen mit Bleisoldaten zu spielen.

BEHN, FRITZ

Beherrscht den Marmor und die Kunstpolemik als Souverän. Eine Zwischenstufe zwischen Hanseat und Wikinger. Er wirkt gruppenbildend, aufreizend und, wenn er von sich spricht, hinreißend. Eine Künstlerkolossalnatur!

BESTELMEYER, GERMAN

Wird oft auch Pöstelmeyer oder Bestellmeyer genannt. Baut von der Etsch bis an den Belt. Im Privatleben ist er Präsident der Akademie.

BJÖRNSON, BJÖRN

Jugendlicher Held und Liebhaber von blühenden Jahren. Ein

Mann von Wort, Wert, Wille, Würde und Wichtigkeit. Lichtgestalt aus dem Norden. Vorsichtiger Hüne, Exzedent der Mäßigkeit; hat immer Bretter, die die Welt bedeuten, unter den Füßen.

BRUCKMANN, HUGO

Demokrat im Ruhestand, jetzt nahezu rumänischer Prinz, Freund der Heraldik vom Hakenkreuz abwärts, sonniges Gemüt.

BÜRKEL, LUIGI VON

Münchner Kassandra mit optimistischem Tonfall. Sucht, wie einst Odysseus Ithaka, das aufblühende Münchner Eiland. Sachverständiger in Kunst, Tanz, Gastronomie, Nachtleben und Fremdenverkehr.

CASPAR, CARL

Kommandeur der Künstlermilizgarde »Neue Sezession«. Seine Spuren werden im Bamberger Dom, den er ausgemalt hat, in den Bureaus des Kultusministeriums und in Äonen nicht untergehen.

DÖRNHÖFFER, FRIEDRICH

Ein ins Historische und Hintergründige stürmendes Temperament, soll demnächst zum kommandierenden General à la suite der gesamten Künste mit diktatorischen Vollmachten gegen alle Umstürzler, Neuerungssüchtige oder bloß Neugierige ernannt werden. Vorläufig schon leuchtendes Vorbild für alle Geheimräte. Hält die Pinakotheken für die kühlsten Räume Münchens.

DREHER, KONRAD

Erfinder des bayrischen Dialekts, an dem er alsdann in fünfzigjähriger Arbeit wesentliche technische Verbesserungen vorgenommen hat. Scharfer Kritiker an den jeweils bestehenden Zuständen. Dass er der morganatischen Ehe eines Wittelsbachers entstammt, ist wohl eine Sage; er ist vielmehr ein legitimes Kind des bayrischen Volkes.

EHMEKE, F. H.

Ein Opfer der Schrift- und Buchgelehrsamkeit, von Antiqua und Fraktur flach gedrückt, wurde von den Alphabeten heiliggesprochen, endigte aber im Protestantismus.

FALCKENBERG, OTTO

Leitet die Kammerspiele von Fall zu Fall, kausiert gern und gut mit jungen Talenten, ist daher von ihnen, sowie von Dramaturgen, Regisseuren, Beiräten, stellvertretenden Direktoren und sonstigen platonischen Kunstfreunden dicht umlagert.

FRANCKENSTEIN, CLEMENS VON

Ehemaliger königlich bayrischer Kammerherr, Komponist, ein Stiller im Land. Es stehen sämtliche Staatsbühnen unter ihm, aber tief unter ihm.

FRANK, BRUNO

Bruder Willy Speyers, Adoptivsohn Thomas Manns und Schwiegersohn der Massary – kurz: Ein zärtlicher Verwandter in Vers und Prosa, in Dichtung und Leben.

FREUND, ROBERT

Als Piperianer an diesem Buch mitschuldig, zerfahren zwischen Berlin, Wien, Pilsen und München, ist für schlanke Linie in Buch und Bauch. Welcher Geistes- und Gemütsbranche er angehört, ist noch nicht entschieden.

GODWIN, KATHARINA

So blond wie Knappertsbusch, aber viel seltener sichtbar. Ob sie zu Hause kocht, malt oder dichtet oder vielleicht nur ein gescheites Privatleben führt, harrt nun schon ziemlich lange der Aufklärung.

GLEICHEN-RUSSWURM, ALEXANDER VON

Was wäre Schiller ohne ihn, und was wäre seine Nase ohne Schiller? Auch sonst ist er Träger von Tradition, guten Bügelfalten, angenehmen Manieren und Renten. Die Frage ist: Gehört dieser edle Mann zum Geburts- oder Geistesadel?

Oskar Maria Graf

GRAF, OSKAR MARIA

Bester Kenner der bayrischen Mundarten und Landesunsitten. Entwickelte sich von Stufe zu Stufe aus einem Bäcker zu einem Dichter. Lebt in wilder Ehe mit seiner Schreibmaschine und einer großen Anzahl von Verlegern. Eine laute und saftige Autochthonenerscheinung mit breiten Schultern und Freude an Protesten, Versammlungen, Dichterpreisen, Volksliedern und Gelagen. Da er dort geboren ist, wo Ludwig II. sich ertränkt hat, nämlich in Berg am Starnberger See, ist er ebenfalls von Romantik umschimmert.

Gruß, Hans

Lehnt fortgesetzt die ihm angetragene Leitung der bayrischen Staatstheater ab. Trägt sich mit dem Plan, den Starnberger See zuzuschütten und darauf Goethes »Faust« als Revue aufführen zu lassen. Ist vorläufig bemüht, den Münchner Fasching durch Weltanschauung zu adeln. Sein »Deutsches Theater« steht im Dienst höherer Mächte, worunter aber nicht die Großbanken zu verstehen sind.

Gulbransson, Olaf

Anhänger der Freiluftkultur, also des Lebens auf Bäumen und unter dem Wasser. Versucht demgemäß in Linien- und Lebensführung eine Synthese zwischen Affen und Seehund herzustellen. Kam mit einem Gletscher aus Skandinavien nach Bayern und hält dieses Land für subtropisch. Seine Muskeln genießen in Berlin W hohes Ansehen, desgleichen seine haarlose Blondheit. Ob er bereits zum Christentum bekehrt ist, bedarf noch der Aufklärung.

Halbe, Max

Stählt seinen Geist durch Herstellung von Dramen, seinen Körper durch Müllern und kalte Waschungen, seine Augen durch intensive Betrachtung des andern Geschlechts, seine Armmuskeln durch Kegeln und seine Zunge an möglichst firnen

Max Halbe

Weinen. Er ist der ehrwürdige Doyen der in München arrivierten Preußen. Geht viel und rasch, sitzt lang und aufrecht.

HEINE, THOMAS THEODOR

Studiert zwischen Ammersee und München die Welt und hat schon genug von ihr. Lebt mit Möpsen und Bienen in bitterer Gemeinschaft. Erfinder vieler garantiert wahrer Anekdoten, sonst Gartenbauer, Obstzüchter und eine amtlich beglaubigte subversive Natur.

HIRSCH, EMIL

Alte Münchner Antiquariatssibylle, die aber ihre Bücher nicht verbrennt, sondern verkauft. Macht aus seinem Herzen keine Mördergrube, sondern einen Katalog. Glaubt unentwegt an München wie ans Alte Testament.

HIRSCHFELD, GEORG

Hat die Stille seines Herzens zum Beruf erhoben, den er mit Fleißnote »vorzüglich« ausübt. Ist ein Vorzugsschüler in der Unterklasse.

HOLM, KORFIZ

Einst eine Säule von Schwabing, jetzt eine Pyramide von Erinnerungen. Betreibt das Gewerbe des Ironikers und ist, wenn er sich erinnert, ein umgekehrter Homer. Wird mit dem, was andern eingefallen ist, gern ausfällig. Darum mit Recht Verleger.

KAUFMANN, ADOLF

Ein furchtbar netter, umgänglicher, beliebter, eminent gleichgültiger Mensch.

KNAPPERTSBUSCH, HANS

Der blonde Hans im Glück, ein fröhlicher Bursch, vornehmer Gesellschafter, Professor, Generalmusikdirektor und Elementarphänomen. Großartige Mischung von Wotan, Siegfried und Fasolt. Um ihn müssten wilde Rosen blühen.

KNOTE, HEINRICH

Als Tenor des Freistaates Bayern unverwüstlich. Verjüngt immer wieder sich und seine Stimme. Hat infolgedessen bereits mehrere Karrieren hinter sich und will demnächst als Opernvolontär wieder von vorne anfangen.

KUTSCHER, ARTHUR

Ist der Reiseonkel der ganzen Universität. Soll urkundliche Beweise darüber besitzen, dass sich in den Katakomben Münchens altehrwürdige Kultstätten des Schlierseer Bauerntheaters befinden.

MANN, KLAUS

Schon als kleiner Knabe ein großer Europäer. Macht nächstens die Aufnahmeprüfung für die Kosmopoliten-Mittelschule. Reifezeugnis wurde ihm bedingt vom Vater erteilt. Sein Name steht oft unter Familiennachrichten.

MANN, HEINRICH

Als seltener Fall von Nicht-Mimikry in München biologisch sehr interessant, weil ganz vereinzelt. Sicher vor Titeln, Fackelzügen und andern offiziellen Auszeichnungen. Hüter der demokratischen Schwelle. Lebt fern von Biographie und Anekdoten. Also unergiebig!

MANN, THOMAS

Auf'm Zauberbergli is er g'sesse,
Hat de Vögli zug'schaut –
Han g'sunga, han g'sprunga,
Han Nestle gebaut.

Und daraus sind Myriaden von Büchern, broschiert, gebunden oder auf Luxus, entstanden. Seitdem ist sein Einkommen einer der beliebtesten Diskussionsstoffe in Schwabing, nahezu schon seminar- und dissertationsreif.

MAYER, AUGUST L.

Kronprätendent für Spanien, wo er die Inquisition für unbefugte und andersgläubige Kunsthistoriker und Experten einführen will. Entdecker Europas für die Münchner Kunstwissenschaft.

MEYRINCK, GUSTAV

Wohnt zwar in Starnberg, aber nur dank dem magnetischen Einfluss der nahen Stadt München, mit der er in einer unzertrennlichen Strindbergehe lebt. Er versteht von Geheimlehren, vom Schach und von Wassersport mehr als alle Großmeister der Leibes- und Geistesübungen.

Mildenburg, die

ist Brunhilde in Zivil, Majorin der Opernregie und Oberste der Gesangskunst. Kurz, nehmt alles nur in allem, ein Mann!

Miller, Oskar von

Das technische Ding an sich mit Übermensch-Funktionen. Will zwischen dem Deutschen Museum, das allmählich die überlebte Stadt München verdrängen soll, und New York eine direkte Tunnelverbindung herstellen. Seine größte Schöpfung: Folterkammer für technisch Ungebildete und Rückschrittliche.

Nemes, M. von

Ob das M. Moses oder Marcel heißt, ruht in Gottes Hand. Ein stiller Treuhänder des internationalen Kunsthandels. Sein Wahlspruch heißt: »Viel Bild, viel Ehr!« Die Tiefe seines Gemüts ist noch nicht genau ausgelotet, zeigt sich aber darin, dass er selbst malt und malen lässt.

Neumann, Alfred

An seinem fein literarischen Wesen wird noch eine große Galerie historischer Unholde genesen. Seine Seele ist eine rare Essenz aus Breslau und Florenz. Denk ich an Neumann in der Nacht, so bin ich um meine Prosa gebracht.

Nora, A. de

Hochmeister der Dichtung, Bart und Herz blond, Parterreakrobat des balladesken Schwungs, stammt wahrscheinlich von Minnesängern ab.

PAPE, ALFONS

Ein Irrling aus Kassel. Schauspieldirektor und Regisseur ex multis annis et ad multos annos. Darum heiter in die Zukunft blickend.

PFITZNER, HANS

Der größte lebende deutsche Tondichter in Parenthese, Duz- und Busenfreund des ebenfalls in der Musikbranche tätigen Richard Strauss. Komponiert und schreibt mit dem Herzblut seiner Gegner. Überhaupt eine lebfrische und herzerquickende Titanennatur!

PIPER, REINHARD

Ist Verleger dieses Buches und daher keiner Schonung würdig: ein aus dem Irrgarten der bildenden Kunst und Musik zur Literatur taumelnder Kavalier, zugleich auch ein Heimchen am Herd der Kultur, ein schweinslederner Frondeur gegen die Zivilisation und bestimmt Verfasser, wenn er es auch leugnet, von Natur- und Gefühlslyrik.

PONTEN, JOSEF

Ein Schreibmeister, ein Meisterschreiber. Er dichtet seine Werke für die Goldene Klassikerbibliothek der Zukunft. Sucht händeringend nach einem Eckermännchen.

PREETORIUS, EMIL

Auch kein Bayer! Champion im Kopfschütteln über den herrschenden Kurs. Redner, Schreiber, Zeichner, geradezu ein Luther in Schwabing mit ahasverischem Einschlag, obzwar in seinem Atelier die Veilchen an gepflegten Wänden sprießen. Einer der verreistesten Münchner, fast ein Emigrant!

RINGELNATZ, JOACHIM

Dichter, Dichter, Dichter. Lyriker, Lyriker, Lyriker. Das Übrige (siehe dort) ist Gewürz.

ROTH, HERMANN

Tapferer Träger eines Künstlerschlipses, durch den er, wie durch eine Nabelschnur, mit dem Kunst- und besseren Vereinsleben Münchens verbunden ist. Tanzt und schreibt wie ein Junger. Hat noch nie einen Prolog oder ein Festspiel gedichtet, in dem das Münchner Kindl nicht vorkam. Ein zuverlässiger Libertiner des lokalen Teils.

RÖẞLER, KARL

Geht trotz jahrzehntelangem Aufenthalt immer noch wie das Mädchen aus der Fremde durch München. Unter seinem Fußtritt wachsen Witze über das einheimische Theater- und Nachtleben. Gilt als heimlicher Verehrer der verflossenen k. u. k. Monarchie, träumt vom alten Schwabing und von neuen Lustspielen. Beschäftigt sich auch mit Reformen im Münchner Gast- und Kaffeehauswesen. Eine zwiespältige, umstürzlerische, prinzipienstarre Asketennatur!

RUTRA, ERNST

Münchner Literaturkalender und Verlagsadressbuch. Sensal an der Literaturbörse. Kritiker, Dichter, Übersetzer, Stammtischler – alles in Oktav. Sitzt häufig über die Konjunkturpostille und einen Zettelkasten gebückt.

SCHARNAGL, KARL

Bäcker- und Oberbürgermeister, Verfasser einer Gedenkrede auf den 100-jährigen Henrik Ibsen. Eine ununterbrochen kongeniale Natur.

SCHNACKENBERG, WALTHER

Stabschef der Kavaliere, diplomatischer Vertreter der Gepflegtheit. Einst wilder Saisonlöwe, jetzt hinter merkantilen Gittern. Sein vorbildlich angegrauter Scheitel ist eine Münchner Sehenswürdigkeit.

SCHRENEK-NOTZING, BARON

Ist die distinguierteste Erscheinung der Münchner Geisterwelt. Selbst vornehm bis in den Spitzbart, ist ihm kein Geist und kein Medium zu gering. Nur von dem Propheten Dr. Kammerich, der von ihm nichts hält, hält er nichts.

SCHULZ, WILHELM

Wanderer durch kleine Städtchen und Kneipchen, ein niederdeutscher Rübezahl ohne Vollbart. Weiß nicht, wie viel Sternlein stehen, weiß nicht, wie viel Blümlein blühen, weshalb ihn sein kunsthistorischer Steckbrief mit Recht als Romantiker brandmarkt. Ein Lächler, ein Flüsterer, ein Verstummer. O dass er tausend Zungen hätte!

SIECK, RUDOLF

Eine raue Chiemseele, eine anima candida mit Lederhose! Obwohl nur in Rosenheim geboren, möchte er in München nicht einmal begraben sein. Erfinder der oberbayrischen Fauna,

Schwerlandschafter und unter den Stillen im Lande der Laute(r)ste.

SOBOTKA, FELIX

Lasst diesen wohlbeleibten Menschen um mich sein – den Wunsch haben so viele, dass er selber von Konferenz zu Konferenz, von Stadt zu Stadt, von Land zu Land rollt. Er hat wie sein Verlag drei Masken: die eines Geschäfts-, Kunst- und Menschenfreundes. Und im Schlafwagen liegt er viele Nächte, das Land der Österreicher mit der Seele suchend.

SPENGLER, OSWALD

Inhaber eines Vermittlungsbüros zwischen Philosophie und Industrie, Großgründebesitzer im untergehenden Europa, Kompilationsmathematiker und Schriftstellereimagnat. Sitzt auf fremder Scholle, die er immer wieder umpflügt. Sein Feld ist daher die Welt.

STEINECKE, GEORG C.

Strebt aus Buchhandlung, Antiquariat und kleinem Vortragssaal höheren Zielen zu. Veteran aus vielerlei Kämpfen, auch aus dem Weltkrieg. Hat noch Großes vor.

STRICH, GEBRÜDER

Die kleinen Brüder Grimm von Schwabing (man beachte auch die große lautliche Verwandtschaft!). Sie sind die echtesten Bindestrich-Münchner. Um sie trauern Königsberg und Berlin.

STUCK, FRANZ VON

Eine Sagenfigur aus der Frührenaissance der Münchner Kunstblüte. Seine neuesten Bilder weisen älteste Patina auf. Ein Charakter in der Stille und ein Talent im verflossenen Strom der Zeit. Voll- und Ganzbayer. Respekt!

THÖNY, EDUARD

Liebt das Zither- und Tennisspiel, lockere Leberknödel und starken Kaffee. Vordem einer von den bösen Buben Münchens, jetzt ein verheirateter Mann und Vater. Er hat vielerlei Sport und das Frotzeln in München eingeführt und bis zur Kunst gesteigert. Ist ein Zeichen- und Erzähler-Champion.

ULMER, FRITZ

Volkstribun der Schauspielerei, Singvogel der dramatischen Literatur, Besitzer einer großartigen Sammlung von Rollenfächern. Im Ganzen: eine spielerische Natur!

VALENTIN, KARL

Ehrenretter der Vorstadt Au, hat aus dem Sprachengewirr zu Babel den Münchner Dialekt für die Ewigkeit gerettet. Stirbt jeden Tag, wird jeden Abend neu geboren. Seine Hebamme heißt Liesl Karlstadt.

VOẞLER, GEHEIMRAT

Romanist, eine Heldengestalt aus der Gelehrtenwelt. Durch ihn hat es sich an der Universität herumgesprochen, dass Bayern eine Republik und Hitler kein Ehrendoktor ist.

WALDAU, GUSTAV

Ist zusammen mit seiner Frau My von Hagen Inhaber des bedeutendsten einheimischen Schau- und Gastspielereiunternehmens. Vorsitzender des uneingetragenen Vereins zur Bekämpfung des Staatstheaterdefizits. Villenbesitzer, Natur- und Naturweinfreund, großer Sprachenkenner, heimlicher Lyriker, kurz: eine Blume im Rettichbeet.

WITTELSBACH, LUDWIG FERDINAND VON

Spezialist für Leutseligkeit, Münchner Dialekt und Frauenheilkunde. Sein Geigenspiel geht ihr ins Blut, er spielt die Geige gar zu gut.

WOHLMUTH, ALOIS

Ein Jüngling von 80 Jahren, hat er alle großen Zeiten des deutschen Theaters nach Goethe miterlitten, hat als Kenner dem Lenbach auf die Schulter geklopft, dem Ibsen ins Aug' und sämtlichen Münchner Malern im letzten Jahrhundert ins Skizzenbuch geschaut.

WOLFF, GEORG JACOB

Ist wie eine feste Säul', an die man sich mit Lust mag schließen und mit Zuversicht. Schwabinger Bauernsohn, sät und erntet er auf der Münchner Kunstscholle. Er stampft Kritiken, Bücher und Zeitschriften aus der Erde, wovon er sich an dämmrigen Stammtischen erholt.

WOLFF, KURT

Verleger a. D., Salonlöwe mit zartem, innigem Gemüt für das

Geschäft. Steht mit den bedeutendsten deutschen Autoren auf schlechtestem, aber elegantem Fuß.

WOLFSKEHL, KARL

Darmstädter und daher Mittelpunkt in Schwabing. Wanderer durch Ateliers, Tees, Bibliotheken und noch gelehrtere Gelegenheiten. Esoteriker der Lebensbejahung. Literarum et artium studiosissimus. Der getreueste Ekhart der Schwabinger Jugend.

ZIMMERMANN, WALTER

Herzmuskel der Künstlergenossenschaft und Kompass für Glaspalast-Forschungsreisen. An den Felsen des Kunsthandels geschmiedeter Prometheus, an dem der Geier des Niedergangs Münchens hackt. Kurzum: Durch Mitleid wissend, ein reiner Tor!

VOM FASCHING UND DER ORGANISIERTEN AUSGELASSENHEIT

Wenn die Geschäfte schlecht gehen und die Menschen demzufolge kein Geld haben, pflegt in München die Parole ausgegeben zu werden: San ma lustig, dass a Geld unter d' Leut' kommt! Worauf, weil die Logik dieses Programms mit der schlagenden Beweiskraft von 2 x 2 = 5 einleuchtet, zur vorgeschriebenen Zeit ein allgemeiner dionysischer Hang zum Vergessen des grauen Alltags einsetzt. Jedermann, der schon gar kein Geld hat, besinnt sich darauf, dass es im Hinblick auf die nachweisbare Einmaligkeit des Daseins eh' schon gleich ist – die Kostüme vom vorigen Mal sind ohnehin noch vorhanden – und so stürzt man sich auch diesmal wieder ins fröhliche Getriebe.

Es gibt in München – wie nach dessen Vorbild nun längst auch anderwärts – Ausgelassenheitsspezialisten, deren ganze Existenz auf gutgehende Faschings-Bacchanalien gestellt ist. Für sie ist der Fasching bei Weitem nicht ein Vergnügen, sondern ein aufreibender Beruf und man trifft sie, ob's Mailüfterl weht oder ob Julisonne auf ihre Rücken niederprasselt, von neuen Faschingsplänen trächtig, an den Seen und im Gebirge. Denn die Idee – wenn auch nicht zu einem neuartigen Fest überhaupt, so doch zu einer Möglichkeit, das vorhandene teure Material in einer verblüffenden Umgruppierung zu neuer Wirkung zu bringen, erfordert einen ganzen Mann.

Wie dem aber auch sei: Es kann selbst von finsteren Faschingsgegnern nicht geleugnet werden, dass der Münchner Fasching in den letzten Jahren aufs Neue seine Überlegenheit über die Berliner Versuche, ihm mit größerem Aufwand beizukommen, glorreich bewiesen hat. Und das ist außer der durch den Gang der Weltgeschichte bewiesenen Eignung Münchens für karnevalistische Belange – kurzum der Tradition – doch wohl jenen Pionieren zu verdanken, die sich mit schönem Allgemeinsinn der großen »Gaudi« gewidmet und das allgemeine Überschäumen organisiert haben.

In der moralischen Atmosphäre der Stadt vollzieht sich, wenn der Fasching naht, ein bemerkenswerter Temperaturwechsel. Die sittlichen Begriffe beginnen sich allmählich zu lockern und je nach der erlaubten Dauer des Faschings in immer beschwingterem Tempo zu verflüchtigen, bis schließlich der Rauschzustand erreicht ist, in dessen rosenrotem Nebel sogar Abgeordnete und Bezirksvorsitzende erfahren müssen:

»Wie ein Moralprinzip verschwindet
selbst aus dem stärksten Intellekt,
wenn man ein hübsches Mädchen findet
und eine Flasche guten Sekt.«

Wenn immer vom bösen Reiz des Unerlaubten gefabelt wird – im Münchner Fasching triumphiert der gute Reiz des Erlaubten und da alles erlaubt ist – bis auf direkte Ausschweifungen wie etwa: dass Dackel mit Clownsmützen über die Straße gelassen werden … derartiges unterbindet die wachsame Polizei denn doch! – kann man den Münchner Fasching eigentlich als eine Periode moralischer Anarchie bezeichnen, durch die einesteils

Genuss ohne die sonst unvermeidliche Reue und andernteils Hebung des Fremdenverkehrs erzielt wird.

Dem Fremden, der sich ein – im wahren Sinne des Wortes – erschöpfendes Studium des Münchner Faschings zum Ziel gesetzt hat, bieten sich vielerlei Möglichkeiten, alle Schichten der Bevölkerung im vorgeschriebenen Zustande der Ausgelassenheit kennenzulernen.

Was ein Bal paré oder eine Redoute ist, wusste man früher im ganzen Reiche aus Rezniceks Bildern, die »Das Münchner Mädel« in seiner unentwegten Sekt- und Weißwurstbeschwingtheit vorführten. Im Kriege ist das alles in Vergessenheit geraten, aber bald nachher hat der unermüdliche Herr Gruß vom Deutschen Theater – der auch der Erfinder der »Hyper-Revue« und überhaupt die bewegende Kraft des Münchner Amüsierwesens ist – die Ausgelassenheit en gros in seine bewährte Regie genommen, und seither weiß der Mensch wieder, dass er der drückenden Sorge enthoben ist, sich im Fasching auf eigene Faust amüsieren zu müssen.

Über die berühmten Künstlerfeste lässt sich nur sagen, dass sie mehr oder minder glänzende Ansammlungen vorübergehend entbürgerlichter Menschen sind, die um keinen Preis zu kurz kommen wollen. Aber das ist in der neuesten Zeit nicht mehr ganz so einfach wie zur Zeit der feschen Kavaliere und süßen Mädel. Beide Parteien sind auch in München – man kann nicht einmal sagen wählerischer, aber anders geworden. Die irgendwie doch von der »Vermännlichung« berührte moderne junge Münchnerin geht im Fasching gern in Hosen, tanzt gern auch mit Frauen und bringt dem Mann – besonders dem mit Siegerallüren – eine stachlige Ironie entgegen, die den enttäuschten Eroberer oft zu bitteren Urteilen über die Unnatürlichkeit der jungen weiblichen Generation veranlasst. Aber in Wirklichkeit ist sie begabter als die frühere, der die schärfere Praktik solcher Auswahl nicht geläufig war und die ihr als Lästerung der Majestät des Mannes denn doch – wenigstens in der Öffentlichkeit – zu stark erschienen wäre.

Die jungen Münchnerinnen sind schon recht. Der Fremde ziehe, wenn er sich im Fasching ihnen nähert, seine graziöseste Weltanschauung an und lasse sich raten: im wohltuenden Gegensatz zu einem Teil der heimischen Lebewelt nicht zu offenkundig »aufs Ganze zu gehen«. Die Belohnung von Seiten der in ihrer neuen Selbstständigkeit noch empfindlich ehrgeizigen Partnerin, die diese verständnisvolle Taktik zu schätzen weiß, wird nachher umso angenehmer ausfallen.

Denjenigen, die auch auf diesem Gebiete jede Wandlung ablehnen, bleiben nach wie vor die großen Bräu-Redouten, auf denen es niemals um Begriffe geht, sondern wie eh und je nur um den Zugriff.

DIE FRAU IN MÜNCHEN

Es ist Fasching: Kostümfest »Arche Noah!« im Deutschen Theater. Ein Schlachtenbummler, durch sein stoffreiches, aber luftiges Kostüm als Maharadscha gebrandmarkt, betritt um die Mitternachtsstunde eine Loge mit besonders reichem »Damenflor«. Da er sich als gut aussehender Zeitgenosse legitimiert, ist er alsbald von den diversen weiblichen Knospen und Blüten duftig umflort.

Als er wieder zu sich kam, also einige Tage später, brachte er seine Erlebnisse und Erfahrungen aus jener Loge zu Papier. Hier sind sie:

»Ich lebe nun schon acht Monate in München und sah mich immer noch der Münchner Frau gegenüber fast völliger Ratlosigkeit preisgegeben. Der Zufall, der mich in die Parkettloge zwei links des Deutschen Theaters wie auf die Insel der großen Mutter führte, hat diesem Zustand ein glückliches Ende bereitet und mich zahlreiche und bedeutsame Blicke in die Münchner Frauenwelt tun lassen.

Die Loge gehörte für diesen Abend dem auf dem Gebiete des Kunstgewerbes erfolgreichen Kommerzienrat Kugelmeir. Ihn selbst kennenzulernen blieb mir vorerst versagt. Gerüchtweise verlautete, er halte sich einen Stock tiefer im Bierkeller auf, wohin ihn eine nicht mehr ganz junge, aber umso entschlossenere Kunstgewerblerin (Spezialität: Schlafzimmertapetenentwürfe) entführt habe.

Seine Gemahlin, eine dunkelhaarige und dunkelhäutige Frau entre deux ages, machte die Honneurs. (Sie ist, wie ihr Mann, total einheimisch, nur mit dem Vorbehalt, dass ihre Vorfahren vor etwa zweihundert Jahren aus dem Süden nach München gekommen sind.) Ihre Haltung war echt weiblich, das Temperament schien etwas künstlich angeheizt, ihre Gemütsart dagegen zeigte starken männlichen Einschlag. Sie versteht offenbar auch zu rechnen, denn sie kontrollierte unauffällig die Anfuhr des Sektes, der indessen, wie man zu sagen pflegt, in Strömen floss.

Frau Kugelmeir bat mich nach einer Viertelstunde, sie Resi zu nennen, denn sie heiße Therese. Es fiel mir nicht ganz leicht, der immerhin den Kinderschuhen längst entwachsenen Dame den gleichen Namen wie dem Wassermädel im Café Luitpold zu geben. Aber sie erleichterte es mir, indem sie mich, ohne sich darum zu kümmern, dass ich Joachim heiße, Lucki nannte. Sie tanzte ausgezeichnet, und zwar die alten und die modernen Tänze, was ihr freilich ihr ägyptisches Kostüm wesentlich erleichtert haben mag. Erstaunlich war es, dass sie beim Tanz immerfort sprach, und zwar sowohl über allgemeine Fragen der Bildung wie auch insbesondere über ihre ziemlich ausgedehnten Familienverhältnisse. Ich möchte Einzelheiten nicht zu Papier bringen, aber so viel wenigstens sei gesagt, dass die Dame schon zum dritten Mal verheiratet ist und fünf lebenden Kindern unmittelbar und drei Enkeln mittelbar das Leben gab. Zwei Töchter sind noch unverheiratet und befanden sich an jenem Abend auf einer Skitour und wahrscheinlich, wie die ahnungsvolle Mutter vermutete, mitten in einer Faschingsunterhaltung auf einer einsamen Skihütte. Denn sie hatten, sagte mir Frau K., in einem

Schmuckkästchen väterlichen Fabrikats (in einem Schmuckkästchen??) einschlägige Kostüme mitgenommen.

Meinen Fragen nach den übrigen Damen der Loge stand Frau K. bereitwillig und freimütig Rede.

Da war z. B. ein kleines Mädchen von gewiss nicht mehr als 16 Jahren – blond, blauäugig, gewandt in Wort und Bewegung und äußerst lachlustig. Dieses schlanke Kind huldigt der in München bedenklich populären Kunst des Tanzes. Es war vom achten bis zum fünfzehnten Lebensjahr Wunderkind, von da an Führerin einer Tanzgruppe mit starkem gesellschaftlichem Anhang und will demnächst eine Tanzschule begründen, für die Herr bzw. Frau Kugelmeir Kapitalisten beibringen sollen. Frau K. führt in der Tat einen ausgedehnten und angeregten Briefwechsel mit vermöglichen auswärtigen Freunden, denen sie die Hebung der Tanzkunst in München ans Herz zu legen nicht müde wird. Die Firma ihres Mannes wird die Räume der künftigen Tanzschule gratis ausstatten. Auf die Frage nach den Eltern des Kindes hörte ich, dass ihr Vater angeblich pensionierter Offizier, anderem Vernehmen nach aber Briefträger in Neuhausen sei. Dies verfehlte nicht, mir einen gewissen Respekt vor dem Mädchen einzuflößen.

Weiter saß in der Loge eine Dame in der Mitte der zwanziger Jahre als Page, die einer alten bayrischen Adelsfamilie angehört, über eine mittlere Rente verfügt, ein Monokel trägt und mir reichlich intellektuell veranlagt zu sein schien. Sie betreibt, weil sie auf Selbstständigkeit großen Wert legt und mit ihrer Rente nicht ausreicht, ein Photographenatelier, wozu ihr Verlobter, ein Farmer in Australien, der dort rasch Millionär werden will, ihr jeden Monat einen anständigen Zuschuss überweist. Diese Baronesse B., eine in jedem Betracht extraordinäre Erscheinung, fesselt durch Überlegenheit, Selbstsicherheit und eine – wie ich es nennen möchte – graziöse Frivolität, die aber doch auch etwas Akademisches an sich trägt. Sie nannte Mitglieder der ehemals königlichen Familien nur mit dem Vornamen, bekannte Adelige oder Finanzaristokraten Münchens mit ziemlich derben Spitznamen und kannte von den vorübertanzenden Paaren gut zwei Drittel. Ich fühlte mich von diesem merkwürdigen Geschöpf alsbald angezogen, obwohl ich Anstoß daran nahm, dass sie dem Sekt wie ein Mann zusprach.

Darin wurde sie freilich von einer Dame übertroffen, die sich im Übrigen weniger um die Logengäste kümmerte als vielmehr, wenn sie gerade nicht trank, immerfort tanzte und immer wieder tanzte. Sie war brünett, weder schön noch hässlich, weder gescheit noch dumm. Von Frau K. erfuhr ich, dass es sich um eine jüngere Kaufmannswitwe handle, die im Kugelmeir'schen Hause eine Pension betreibe und ihr, der Frau K., in vielen Dingen an die Hand gehe, sie z. B. mit interessanten Ausländern, die in ihrer Pension wohnen, bekannt mache und so dazu beitrage, den Kugelmeir'schen Verkehr abwechslungsvoller zu gestalten. Es seien auch nette Feste in der Pension, und ich solle mich bemühen, dort ebenfalls Einlass zu finden, denn man spreche dort auf die angeregteste Weise über Kultur, Kosmopolitismus und ähnliche lebensverschönende Dinge. Die Frau – sie heiße Enzensburger – sei sehr seriös, sittlich hochstehend und trotzdem von eminent fröhlicher Gemütsart.

Ganz anders wie diese war eine andere Dame, die als Eva, also sehr geringfügig, kostümiert war und sehr wenig sprach, trank und tanzte. Sie machte einen überaus soignierten Eindruck, wurde Lu genannt und hieß Straßburger. Ihre jüdische Abstammung war deutlich erkennbar, aber nicht vordringlich. Ihr Mann Bankier, ihr Vater Professor der Augenheilkunde (sie trug – komisch genug für eine Eva! – ein sehr scharfes Lorgnon), ihre Ehe kinderlos. Sie gehört zur mondänen Welt Münchens, ist sportlich tätig (Tennis, Reiten und Bridge!), weiß über alle Schneiderinnen hervorragend Bescheid und verkehrt gelegentlich im Hause Thomas Mann, wo sie durch ihre Belesenheit in der schönen Literatur als Mitglied der rein bürgerlichen Schicht angenehm auffällt. Ich versuchte mit ihr in ein Gespräch über Galsworthy zu kommen; es stellte sich aber heraus, dass sie diesen remarkablen englischen Dichter längst überwunden hatte. Ich fühlte mich ein bisschen blamiert und sprach sodann mit ihr über die Wirtschaftslage, über die sie radikale, fast ein bisschen sozialistische Ansichten äußerte.

Gerne wandte ich mich von ihr ab und drei Mädchen zu, die nur in ihrer Dreiheit eine Wirkung taten und einzeln fast nicht denkbar waren. Als ich Frau K. fragte, wer sie seien, sagte sie mir, sie wisse es selbst nicht. Sie seien – drei Grazien, als die sie maskiert waren – in die Loge gekommen, hätten drei Gläser genommen und getrunken und, als man freundlich zu ihnen war, drei Stühle okkupiert. Sie seien sicher niederen Standes, aber doch sehr nett und nicht nur nicht störend, sondern durch ihr gutes Aussehen sowohl angenehm als auch durch ihre gute Laune belebend – und das sei doch die Hauptsache im Leben wie insbesondere im Fasching.

Ich muss gestehen, dass ich mich nicht ungern mit diesen drei jungen Dingern befasste. Ich fand sie rasch sehr zutraulich und unterhaltsam. Zwei saßen auf meinen Knien und eine auf der Lehne meines Stuhles. Das war ein nicht gerade bequemer, aber trotz alledem erfreulicher Zustand. Eine war Modell, eine Verkäuferin in einem Schreibwarengeschäft und die dritte die gewerbslose Tochter eines Metzgermeisters. Sie hatten sich einige Tage vorher auf einem Atelierfest einer Malerin, deren Namen sie nicht genau anzugeben wussten, kennengelernt und beschlossen, die »Arche Noah« ohne jeden männlichen Anhang zu besuchen. Die aus der Schreibwarenbranche sagte: »Männer san sehr nett, wann sie nett san. Aber 's geht a so – denn a Kind hot ma glei!« Das war sehr sorglos hingesagt, entbehrte aber nicht eines programmatischen und sogar prinzipiellen Hintergrundes. Ich will nicht leugnen, dass mich die drei Mädchen scharf angingen und mir große Avancen machten, dass ich mit ihnen vielfach in den Saal untertauchte und dass schließlich nur die gebotene Rücksicht auf Frau Kommerzienrat Kugelmeir mich immer wieder in ihre geradezu mütterliche Loge und auch Arme zurückführte. Immerhin habe ich die nächsten Tage mit den drei Mädchen verlebt, und zwar sehr intensiv und stürmisch, und ich glaube, dass die »Metzgerische«, wie man hierzulande sagt, mich noch auf Wochen und Monate in jeder Weise beschäftigen und festhalten wird – vielleicht sogar – wer kann prophezeien? – noch viel länger ... Denn sie ist brünett und ein bisschen mollig und somit mein Typ! Und sie lebt außerhalb des Faschings ein wohlgeordnetes, wenn auch nicht einsiedlerisches Leben.

Es waren auch sonst noch allerhand Frauen und Mädchen da oder sie kamen oder gingen – z. B. eine Kommunistin von kaum mehr als zwanzig Jahren, die keinen Tropfen trank, dafür aber wie ein Rechtsanwalt redete und davon berauscht wurde – eine auffallende Erscheinung, die für meinen Geschmack sowohl zu blond als auch zu vollbusig war. Oder eine, wie ich sie nannte, Dialektkünstlerin, wahrscheinlich eine Kellnerin aus einem Bierlokal – hübsch, scharf im Wort und für jede Sympathiebezeugung ohne Aufsehen und Ziererei sehr empfänglich. Oder endlich noch eine Kleine, die weinend hereinkam und fragte, ob man nicht ihren Maxi gesehen hätte. Sie sei ein anständiges Mädchen, sagte sie, und nur aus Versehen auf diesem großen Ball, sie sei die einzige Tochter einer Charcutierswitwe und mit dem Maxi, einem Studenten, der sein Abendessen bei ihnen einzukaufen pflege, hierhergegangen, sie habe ihn nun aber schon seit einer Stunde verloren und fühle sich todunglücklich. Maxi tanzte alsbald vorüber und wurde von der guten Frau Kugelmeir in die Loge und an die Seite des unglücklichen Mädchens befohlen. Und so war alles wieder gut.

Natürlich blieb die Loge nicht lange ohne Männer. Aber sie interessierten mich nicht. Ich fand auch, dass sie sich nicht sehr festgehalten fühlten; Frau Kugelmeir dominierte vielleicht doch etwas zu stark. Endlich kam sogar Herr Kugelmeir selbst – er war dick und klein, leider auch schon ziemlich angetrunken. Er brachte eine große Schüssel voll Weißwürsten mit – und allesamt aßen wir mit den Fingern, und das war ein echtes Bild Münchner Lebens und bayrischer Gemütlichkeit, und der Saft und der Senf, der von den Kellnern herbeigebracht wurde, spritzte nur so durch die Loge. Alles lachte, kaute und machte Witze. Auch für Brezeln hatte Herr K. gesorgt, und seine Frau verzieh ihm für diese Fürsorglichkeit offenbar alles.

So habe ich die Münchner Frauen kennengelernt, und ich darf sagen: Dort, wo sie am ehesten erkennbar sind. Was mich und meine bescheidene Meinung anlangt, denn ich bin ja doch nur ein Gelehrter und junger Privatdozent für vergleichende Sprachwissenschaft und habe noch nicht viel erlebt, so muss ich sagen: Diese Frauen, ob sie adelig, bürgerlich oder von niederem Stande sind, haben mir großen Eindruck gemacht und im Großen und Ganzen mein höchstes Gefallen erregt. Ich möchte ganz gerne eine Münchnerin heiraten, und sei es auch nur die einfache Tochter eines ehrlichen Handwerkers. Aber das liegt noch in weitem Feld. Der Fasching und so manches andere macht eine Ehe fast überflüssig, und das ist ein großes Lob für die Münchner Frauen, unter denen doch bekanntlich Sitte und Zucht so hochgehalten wird wie nur irgendwo bei Frauen.«

VOM VALENTIN, VOM RINGELNATZ UND ANDEREN RARITÄTEN

Der richtige Münchner Volkssänger gehört nicht aufs Kabarett von heute – er ist unzeitgemäß geworden wie der Mutterwitz selbst, als dessen Verkünder und lebendiger Ausdruck er früher eine bedeutende Rolle spielte. Aber – so widerspruchsvoll ist nun einmal das Leben – indem er im Allgemeinen nicht in das moderne Amüsierwesen passt, ist er im Besonderen schon wieder zu einer Attraktion geworden in der sagenhaften, unwirklichen und eben darum schon wieder zeitgemäßen Gestalt Karl Valentins, des letzten Münchner Volkssängers.

Kein Lebender bringt so wie er das Wesen ganzer Dezennien Münchner Kleinbürgertums zum Ausdruck. Wer den ewig »grantelnden«, den ewig sentimentalen und mit einer schicksalshaften Anlage zum Objekt irgendwelcher Humore ausgestatteten »Spieß« lebendig erfassen will – jenen, der vorgestern wegen der Lola Montez und dem erhöhten Bierpreis revoltierte, der sich gestern von den verspotteten Schlawinern überwältigen ließ und der morgen imstande ist, gegen das tausendmal totgetratschte Klischee vom »Preißen« und vom »Wasserkopf Berlin« immer mal wieder zu Felde zu ziehen, der muss den Valentin richtig erlebt haben.

Der Valentin ist der heitere Genius, der Spiegel und die Zuchtrute des spezifisch Münchnerischen. Man muss ihn erlebt haben, um begreifen zu können, dass dem bürgerlichen Wesen und

Treiben auch heute noch jenes Elementare, Ursprüngliche, Viechhafte innewohnt, aus dem – auf dem Wege über eine naive Ausdruckskraft – schließlich auch der Shakespear'sche Humor entsprungen ist.

Karl Valentin

Man muss ihn nur mit der kindlichen Ursprünglichkeit eines Valentin auch aufzeigen können.

Wenn er – etwa in seiner unvergleichlichen Improvisation »Der Firmling« – als schlichter Mann aus dem Volke mit dem eben gefirmten Sohn in eine neuzeitliche »Diele« gerät und, nach vielen Verwirrungen endlich doch ausgiebig »b'suffen«, dem Publikum unter rührseligem Schlucken die erschütternden Schwierigkeiten der Beschaffung eines Firmanzugs demonstriert, dann erreicht er eine umwerfende Komik, dass man unter Lachtränen das oft so verheerend nahe Beieinander von Stumpfsinn und Tiefsinn erkennt.

Es ist unbedingt notwendig, von die ser Kostbarkeit einen Begriff zu geben.

Irgendein Wohlmeinender, dem die Anzugssorgen des Firmvaters zu Ohren gekommen sind, hat ihm einen abgelegten Anzug seines eigenen gleichaltrigen Jungen geschenkt. Jeder gewöhnlich verständige Mensch würde in diesem Falle folgern, dass im Großen und Ganzen ein Firmbub wie der andere ist, und finessenhaften Komplikationen hinsichtlich der Figur und so weiter mit keinem Gedanken nahe kommen. Nicht so Valentin, der den Umstand, dass sein Firmbub den Anzug des andern Firmbuben tragen kann, zum wunderbaren, atemraubenden Mittelpunkt der Darstellung erhebt. In zunehmender Betrunkenheit – deren einzelne Phasen erlebt zu haben allein schon bleibende Erinnerung verbürgt – kniet sich Valentin immer intensiver ins Rätselhafte. Mit weit aufgerissenen Augen, von Schlucken unterbrochen, ruft er das Publikum zu Zeugen an, dass hier gewissermaßen überdimensionale Zustände obwalteten: »Mei' Bua ziagt an Anzug o' und –«, hier bricht er, vom Rausch und der Fülle des Unfasslichen überwältigt, zusammen, wiederholt nochmals »Ziagt 'n o' – und basst!«. Das »und basst« erfolgt mit der elementaren Wucht eines Bekenntnisses zum Übersinnlichen.

Seine Partnerin Liesl Karlstadt, die hier den reizend dümmlichen Firmling ebenso unvergleichlich macht wie in der meisterhaften Valentiniade »Orchesterprobe« den dicken Kapellmeister, ist in Valentins Schulung ebenfalls zu einem Volkssängertyp geworden, wie er anderswo als in München nicht gedacht werden kann.

Wenn die beiden – wie im »Feuerwerk« oder in den »Raubrittern vor München« – vollends die mit ihrer empfindsamen Seelenhaltung am vollkommensten in Einklang zu bringenden Ressentiments vormärzlicher Kleinbürgertypen zum Ausdruck bringen, erwecken sie den Begriff des eigentlichen Münchnertums mit einer Vollkommenheit, wie sie weder ein Quellenstudium noch eigene Anschauung des Milieus zu bieten imstande wäre.

Früher gab es – in den BLUMENSÄLEN – populäre Schaustellungen von überwältigendem Lokalcharme und einer unfreiwilligen Komik, die in ihrer erschütternden Wirkung nahe an solche Valentiniaden heranreichte. Da gab es Stücke, in denen die Gloria und der Martyrweg Ludwigs II. in der Art der leider auch ausgestorbenen Jahrmarktsmoritaten dem staunenden Vorstadtpublikum nahegebracht wurden. Reine Lichtgestalten gingen da dermaßen mit Edelmut beladen einher, dass es kein Wunder war, wenn sie gebeugt wurden und schließlich gebrochen zu Boden sanken, und finstere Schurken wühlten auf satanische Art, sodass Knirschen und drohende Rufe im Saal ganz übliche Geräusche waren.

Aber das blutige Vorstadttheater hat sich in neuerer Zeit sogar für das kindliche Schau- und Sensationsbedürfnis der Vorstadt überlebt, und auch die Königsromantik ist ins Kino übergesiedelt.

Zu den beliebtesten und besten Volkssängern älterer Schule gehörten lange Jahre – und gehören seit einiger Zeit wieder – die Gebrüder Albrecht, von denen gewisse lokale Szenen wie »Der Umgang« überaus populär waren.

Mit dem Eindringen der Dielen, Kabaretts und feineren Brettl kamen die Bierlokale, in denen das mittlere Bürgertum die Volkssänger zu hören gewohnt war, allmählich ins Hintertreffen und eigentlich ist heute nur noch das PLATZL – gegenüber dem Hofbräuhaus – mit seinen kraftbayrischen Vorführungen nicht tot zu machender Bauerntypen – Weiß Ferdl und Eringer Seppl sind dort die Matadore – eine Stätte hundertprozentiger Urwüchsigkeit nach der viechhaften Seite hin. Hier blüht und gedeiht immer noch jener schallende Vereinshumor, dessen der reisende Mensch von guter Nervenverfassung in trüben Stunden nicht entraten mag.

Es versteht sich, dass ein feiner Mann in Damenbegleitung vorwiegend jene Kleinbühnen aufsucht, wo in den Tanzpausen das unvermeidliche Programm abgewickelt und zum Zweck der Stimmungshebung Bällchen zum Werfen und Papierblasrohre mit Pfeilen zum neckischen Abschießen (»Huch nein!«) herumgereicht werden. Alles das gibt es in München, sowenig es zunächst tollem Lebensüberschwang Vorschub zu leisten scheint, natürlich zur Genüge und es ist leicht genug zu überblicken.

Geistige Menschen – und wer würde nicht zu ihnen gerechnet werden wollen – riskieren es, ihre Damen auch zu Ringelnatz in den »SIMPLICISSIMUS« mitzunehmen (über dessen Begründerin Kathi Kobus schon an anderer Stelle einiges gesagt ist). Sie können sich darauf verlassen, dass es nichts Anständigeres gibt als die »Unanständigkeit« des liebenswürdigen Kuttel Daddeldu, der gleichviel ob er als »old sailor« mit Wein gurgelt oder zum gutgespielten Entsetzen der Kathi mit schwieliger Seemannsfaust aufs Klavier haut – und selbst wenn er die schauerliche Ballade von der toten Braut Alwine rezitiert, die immer aus- und eingegraben wird – das seit Nietzsche so berühmte Kind im Manne nicht verleugnen kann, das spielen will – und wenn es selbst mit dem Publikum wäre.

Man lade Ringelnatz zu einer guten Flasche Wein – am besten französischen Sekt – ein und bringe das Gespräch, so tuend, als ob man nie von ihm als von einem Dichter gehört habe, auf den Maler Ringelnatz, von dessen Bildern man begeistert schwärme, und man wird das Wunderbare erleben, einen berühmten Dichter sich ohne lange Überlegung zugunsten eines Malers verleugnen zu sehen. Ist man in guten Verhältnissen, so äußere man diskret den Wunsch, seine Bilder besichtigen zu dürfen. Die vielleicht nie wiederkehrende Gelegenheit, als Mäzen in der Biographie eines berühmten Zeitgenossen unterzukommen, sollte nicht leichtfertig von der Hand gewiesen werden – zumal wenn sie auf der Durchreise ohne besondere Schwierigkeiten wahrgenommen werden kann.

Als Dichter ist Ringelnatz der am meisten nachgeahmte Lyriker unserer Tage. Aber vielleicht ist es überhaupt die Zeit, die, selber ringelnatzend, ihn erwählt hat, sie in all ihrer verwegenen, munteren und trotz scheinbar übertriebener Sachlichkeit doch eben wieder phantastischen Art so humorvoll auszudrücken.

Vom kindergläubigen Valentin, der ein Münchner Phänomen ist, obgleich – oder weil – er mit einem Bein immer in der guten alten Zeit stehen muss, bis zum ebenso kindergläubigen Ringelratz, der trotz seines Spitzwegtums mit einem Bein immer schon in der vorausstürmenden Zukunft verankert ist (ein schönes Bild übrigens) –: Welche Möglichkeiten für Raritätensammler vom feinsten Schlage!

WEEKEND UND ANDERE MÜNCHNER ANSAMMLUNGEN

Eine Woche ist lang und schon ein Tag nicht kurz. Und drum ist von alters her in München der Frühschoppen bereits für den Vormittag das gleiche, was das Weekend für eine ganze ewige Woche ist. Und der Abendschoppen ist von derselben epochemachenden Bedeutung. Also sind die Münchner alte Weekender!

Das echte, neuerdings patentamtlich eingetragene Weekend vollends ist in München eine organische gottgewollte Institution, aus der Natur geboren, an deren Brüsten zu liegen des Münchners traditioneller Stolz ist. Er ist ja schon durch den Biergenuss zum Naturgenuss erzogen. Die Bierkeller, heute am Rande und zum Teil schon mitten in der Stadt gelegen, lagen einst ganz weit draußen, am Ende einer kleinen Reise. Und dort schmeckte und schmeckt heute noch das Bier am besten.

Unterm abendlichen Himmel, fern von den Geräuschen und Zwischenfällen der Stadt, wenn die zwischen sechs und zehn Uhr fälligen bzw. zuständigen gefiederten Sänger ihr Programm abwickeln, wenn ein leichter, schon am Tag vorher in den »Neuesten« angekündigter und daher zwangsläufig und fahrplanmäßig eintreffender Zephir Kühlung fächelt, wenn die unter der Rubrik »Sternhimmel im Juli und August« feuilletonistisch und doch wissenschaftlich besprochenen Sterne langsam ihr feuriges Auge auftun, dann und dort schäumt, von Natur umgeben und verklärt, die Maß Münchner Bier anders als in andere Kehlen. Dieses unser tägliches Weekend gibt uns Mutter Natur.

Wie aber erst triumphiert der Magnet Natur am Samstag! Groß ist, wie ihr wisst, die Stadt München, größer in ihrer Bannmeile, wie männiglich bekannt, als jede andere europäische Großstadt. Und da lärmen nun – Gott strafe London, das es uns vorgemacht hat! – die Nahzüge in großer Zahl aus dem Haupt-, dem Starnberger-, dem Holzkirchner-, dem Isartal- und aus dem Ostbahnhof hinaus in die Landschaft, in die Berge, an die Seen, durchs Isartal hindurch, und drinnen sitzen dicht gedrängt Myriaden erholungsbedürftiger Münchner.

Der Kiem Pauli

Die Weekendwaffe des Münchners ist der Rucksack mit oder ohne geschliffenes Kochgeschirr. Im Winter wesentlich verschärft durch die »Bretteln«, auf skandinavisch Ski genannt. Da tritt der Ernst der Nervenausspannung und der Naturschwärmerei an uns heran – die Heiterkeit der Berufsarbeit oder des Müßiggangs der fünf ruhigen Wochentage ist von uns abgefallen. Da hört alle Einschichtigkeit und alles Stammtischlerische auf, da wird aus den Münchnern eine Herde, die in ihrer Liebe zur Natur, zur Unterkunft auf der Alm, in der Blockhütte oder nahe bei einer murmelnden Bierquelle sich aller Gemütlichkeitsfesseln entrafft hat und einhergeht auf der eignen Spur. Hat sie die Perronsperre hinter sich gelassen, dann legitimiert sie sich, diese Herde, als durchaus und zielbewusst großstädtisch. Und dies beginnt um die Mitternacht und endigt wieder um die Mitternacht – wer weiß wo. Denn, wie gesagt, das Münchner Weekend- und Naturschlachtfeld zieht sich bis über die Donau und bis hinauf zu den höchsten Bergen.

München ist ja das Mekka des Alpinismus. Die raue Innenseite seiner Bewohner kehrt sich nach außen in die genagelten Schuhe, in die Loden- und Manchesterkleidung, in die Bergstöcke und Skihölzer, in das stille, aber trotzige Auge, das zu den höchsten Firnen aufblickt und vor keiner wie immer gearteten Konfrontation mit den Freuden und Qualen der Bergwelt zurückschreckt. Berg heil und Ski heil sind die Schlachtrufe, die um die Seen und über alle Gipfel hinwegtoben.

Man kann die Orte, in die sich ein erklecklicher Bruchteil der Münchner Bevölkerung am Wochenende verteilt, nicht einzeln aufzählen. Es sind ihrer zu viele! Wer nennt die Wege, nennt die

Ziele, die da zum gesunden Schweiß und zur anstrengendsten Erholung führen? In buntem Kranz um die runde Stadt runden sich die Vororte und die Luftkurorte und die ganze andere Gelegenheitsmacherei der köstlichen bayrischen Landschaft, mit deren Hilfe der Münchner das vom Arzt empfohlene Maß von Unruhe in sein beschauliches Dasein einschmuggelt.

Sonntag am STARNBERGERSEE! Da gibt es keine sozialen Unterschiede, keine Distanz zwischen Alt und Jung, kaum noch eine gewisse Verschiedenheit zwischen Land und Wasser. Starnberg

»Schwimmbewegungen machen, Herr Meier! Schwimmbewegungen!« – »Zwanz'g Maß zahl i enk, wenn's mir's lernts, ohne dass i mi rühr'n brauch'!«

und sein See sind Münchner Filialen. Da trifft man überall auf Maler und Dichter unter eigenem oder gemietetem Dach. Da wiederholt sich die Kunststadt noch einmal. Da kann man leicht den Gustav Meyrinck stellig machen oder gar die Spukgestalt des ansehnlichen Waldemar Bonsels vor das Zeißglas bekommen. Oder am AMMERSEE, dessen Ufer die Maler bewohnen, streicht lieblicher Kaffeeduft über die lockigen Wellen, bläht die weißen Segel und steigt so manchem kühnen Schwimmer zauberisch in

»Jessas na, Alte! Do schaug hi, gschwind – a lebendiger Haring!«

die Nase, die gerade auf der Fährte zu einer neuen Weltanschauung war. Am CHIEMSEE vollends sitzen die knorrigen Landschafter, die Naturburschen der Muse mit Lederhosen und einem herben Wortschatz für jene, die sich neugierig der Staffelei nahen. Am TEGERNSEE ferner »weilen« jene Prominenten, deren Geschäft es von Zeit zu Zeit nötig macht, dass sie in die »Dame« kommen. Wohingegen am SCHLIER- UND KOCHELSEE endlich die biederen und stillen Sinnierer sich ansässig machen! Oh, was wirkt diese Natur Wunder des Geistes, wie sprießen da Feuilletons, Gedichte, Lustspiele und Operettenlibretti aus der auch im Winter fruchtbaren Erde! So schlängelt sich auch in die Natur um München herum die Kunst mit ihren sanften Belangen, und wer als Weekend-Beflissener die Augen auch dem Geistigen zuwendet, findet zwischen Busch und Baum, See und Alm Kunst und immer wieder Kunst.

***

Und darum kehren wir am besten gleich wieder zu ihr selbst zurück. Eine sehr merkwürdige Äußerung der »Masse Mensch« ist eine Premiere. Zum Beispiel eine im SCHAUSPIELHAUS! Da kennt jeder jeden und da weiß jede von jeder, wo und wie sie sich jemals etwas vergeben hat. Das Parkett ist voll von der Konkurrenz, die sich an dem gleichen Problem selbst schon einmal versucht hat oder sich demnächst in bedeutend tieferer Schürfung daran versuchen wird. Der Dichter auf der Bühne hat's nicht leicht. Er wird vor Scharfrichtern gespielt, die das Fallbeil im Busen tragen. Weh ihm! Die Schauspieler kennt man aus einem Verein, Klub oder vom Stammtisch, auch hofft man von ihnen, dass sie demnächst im eigenen Stück spielen werden, und ist daher milde und verzeihend gegen sie. Man darf und will sie unter keinen Umständen vergrämen.

Zwischen den Eingeweihten und zum Bau Gehörigen sitzt der Bürger oder seine Frau und Tochter im gehobenen Gefühl, »auch« dazuzugehören. Das schafft eine weihevolle Stimmung, die sich schließlich in Begeisterung entlädt. Darum sind Durchfälle, seit es keine Richtungen mehr gibt, in München äußerst selten. Durchfälle und Theaterskandale gab es einmal vor Jahrzehnten, und man spricht davon wie von einem heroischen Zeitalter.

Im RESIDENZTHEATER dominiert als Premierenpublikum die

Frau Ministerialrat oder ihr Gatte oder ihre Schwägerin. Das ist eine einzige Beamtenfamilie unter sich; die Produktiven sind in der Minorität. Und auch die Besucher »aus dem Volk« sind hier nur zu Gast und haben eigentlich nicht mitzureden. Staatlich wie das Theater ist das Premierenparkett. Und es misst nach moralischen Maßstäben und ist schließlich höflich genug, den Schauspielern und ihrem Regisseur von Herzen zu danken, auch wenn man sich gelangweilt hat – denn man will doch nicht gegen die gute Sitte verstoßen. So endigt auch hier in dieser gegen gute und schlechte Kunst vorbildlich gutmütigen Stadt jede Premiere mit einem Erfolg.

Ähnlich ist es in allen andern Theatern, und ein Kreis gegenseitiger Duldung und Nachsicht umschlingt Publikum und Bühne, wenn auch hie und da ein paar Schwabinger, die man dann meist »Kommunisten« oder auch bloß »Schlawiner« nennt, aus dem harmonischen Kreis heraustanzen. Aber sie können Friede und Freude im Münchner Theaterleben nicht stören. Die Zeiten sind vorbei.

***

Triffst du in einem Lokal oder auf der Straße eine kleinere Menschenmenge in aufgeregtem Gespräch, so handelt es sich dabei meist um die Frage nach dem Niedergang Münchens als Kunststadt. Dieser Komplex reizt fast ebenso wie Weekend oder Fasching zu Zusammenrottungen auf. Er steht ja mit allen wirtschaftlichen, geistigen, politischen und kommunalen Problemen im engsten Zusammenhang. Und jeder weiß einen äußerst wertvollen Beitrag dazu zu liefern, sei es dass sein Bruder Kunstmaler ist, seine Tochter Musik studiert, sein Vetter im Kultusministerium sitzt oder zwei Ateliers in seinem Mietshaus an wenig zahlungskräftige Künstler vermietet sind. Wegen des Niedergangs Münchens als Kunststadt verwandeln sich jährlich zirka tausend langjährige Freundschaften in ebenso lange Feindschaften, lassen sich mehrere hundert Beleidigungsklagen nicht vermeiden, gehen Verlobungen auseinander, werden Ehen getrübt und sogar aufsehenerregende Konkurse angesagt. Freilich füllt das Thema anderseits auch viele Zeitungsspalten und Versammlungssäle. Wie viele schlaflose Nächte auf die gleiche erlauchte Ursache zurückzuführen sind, ist statistisch leider nicht zu erfassen. Dafür schafft diese Frage, die wie ein Erdbeben unterirdisch durch die Stadt rollt, ein starkes Zusammengehörigkeitsgefühl aller Betroffenen sowie, wie schon gesagt, viele Ansammlungen zwecks Ableistung des Rütlischwurs, der da lautet: »Gott besser's!« Käme einer daher und trete zwischen die Debattierenden und Beratenden und spräche: »München ist gar nicht im Niedergang, sondern im Aufschwung« – der würde den Lokalstolz gröblich verletzen und

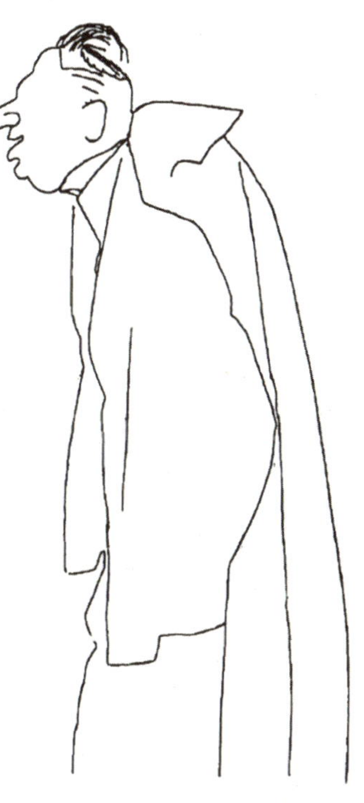

Aloys Wohlmuth

hätte sich die Konsequenzen selbst zuzuschreiben. Zurzeit sind unverbindliche Besprechungen über die Veranstaltung einer Niedergangs-Jubiläumsfeier im Gang. Sie soll mit der Eröffnung einer der nächsten Glaspalast-Ausstellungen verbunden werden. Andere halten für die richtige Gelegenheit eine Klassiker-Einstudierung im PRINZREGENTENTHEATER, bei der der Schauspieldirektor Alfons Pape selbst die Hand im schlechten Spiel hat.

Auch darüber herrscht noch Meinungsverschiedenheit, ob der Beginn des Niedergangs von dem Tod Ludwigs II. oder dem Lenbachs an zu rechnen ist. Man denkt übrigens auch an die Errichtung einer Niedergangs-Ruhmeshalle, in der eine erlesene Schar um den Niedergang erfolgreich bemühter Köpfe in Marmor aufgestellt werden sollen. Bis zur Verwirklichung dieser Pläne wird aber noch mancher Künstler von München wegziehen und mancher Ministerialrat durch Förderung der Kunst sich eine Beförderung verdient haben.

Als Münchner Ansammlung klassischer Art muss die vaterländische Kundgebung angesehen werden. Ihr Ursprung ist nicht unverdächtig; nicht minder besorgniserregend ist ihre Zukunft. Sie ist erfunden worden in der Revolution. Damals hieß sie Volkskundgebung, aber die Teilnehmer waren zu einem großen Teil dieselben; sie haben nur ein bisschen die Farbe und ein ganz klein wenig auch die Gesinnung gewechselt. Die jüngste Geschichte Münchens ist voll von vaterländischen Kundgebungen. Vor etlichen Jahren fanden sie mit der Waffe statt, jetzt nur noch mit Herz und Hand. Auch hier fehlte die Kunst nicht; Schauspieler rezitierten Teile aus »Wilhelm Tell«, und Militärkapellen bliesen die Backen auf und jeden Andersdenkenden nieder. Es war eine schöne Hetz'. Das Vaterländische wurde groß geschrieben und das

Wort »machtvoll« fand Eingang in die Münchner Presse. Juden hatten meist keinen Zutritt, sie durften höchstens das schwarz-weiß-rote Fahnentuch liefern. Bei diesen Kundgebungen wurde

Das Oktoberfest

der nächste Krieg gewonnen, die Sozialdemokratie aus der Liste der Lebenden gestrichen und dem Haus Wittelsbach ewige Treue geschworen – manchmal auch bloß dem Hitler oder dem Ludendorff oder gar nur dem bärtigen Tirpitz. Früher fanden diese Münchner »things« unter freiem Himmel statt, später im Zirkus Krone, jetzt werden die Lokale immer kleiner.

All dies hat in den letzten Jahren schon einige Patina angesetzt. Man reißt sich nicht mehr um die importierten politischen Weisheiten, man hat sich wieder auf die einheimischen besonnen. Und die sind bayrisch, weiß und blau mit gemütlichster Duldung anderer Couleurs. Um diese Farben hoch über den Häuptern flattern zu lassen, dazu genügt ein Stammtisch, eine Fahnenweihe, ein Fest- und Jubiläumsschießen und vollends das Oktoberfest. Das Politische, gar das überhitzte Hochpolitische ist da ein Luxus. Und den dürfen sich in München nur die Fremden gestatten.

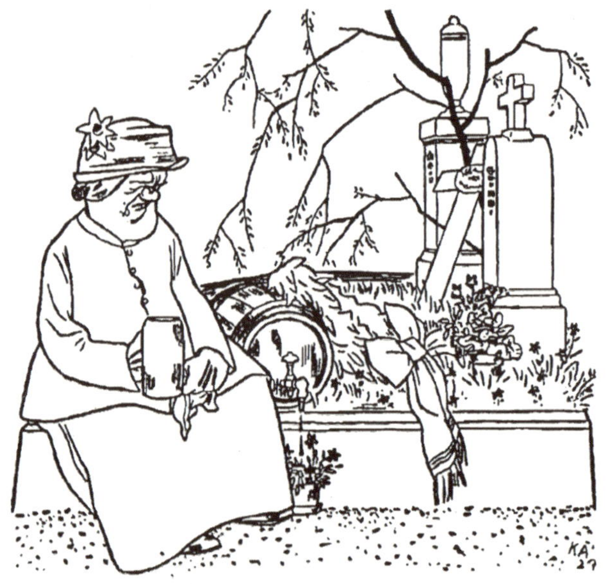

Der Witwe Oktoberfest

* * *

Noch andere Münchner Ansammlungen? Es gibt noch manche! Wir haben die Tees mit oder ohne Tanz, die Hofgartenkaffees im Sommer, den Matthäser und andere Bräus und endlich und vor allem das Oktoberfest und den Salvatorausschank auf dem

Nockherberg. Ja, es gibt in München auch außerhalb des Faschings immer wieder festliche Gelegenheit, die Mensch zu Mensch führt und zu Verbrüderungen und Entzweiungen Anlass genug gibt. Wir sind, nochmals betont, eine südliche, heitere Stadt, die ihr Wesen in einer freundlichen Geselligkeit wie in einem Spiegel beschaut. Drum ist die markanteste Ansammlung in München und zugleich die freudigst begrüßte: Die Ansammlung von Fremden. Sie kommen, die Sehenswürdigkeiten zu sehen, und werden selbst zur Sehenswürdigkeit. Darin zeichnen sich vor allen andern die Sachsen aus. Sie sind ja die deutschen Fanatiker des Reisens, und das Hochgebirge ist für sie heiliges Land. In München treten sie daher in Rudeln und in exzessiver Sportausrüstung auf und haben darin sogar die Berliner weit überflügelt. Die Letzteren sind dem Münchner ans Herz gewachsen, weil sich mit ihnen leicht eine Diskussion anspinnt und weil sich diese ebenso leicht, je nach Bedarf, zu den stärksten Siedegraden hochtreiben lässt. Der Münchner ist ein guter Debatter, weil er ein guter Trinker ist und also leicht überlegen. Aus dieser Quelle strömt der reiche Münchner Anekdotenschatz, an dem sich hinwiederum am meisten die Fremden ergötzen. So wird auch hier Hand von Hand gewaschen!

Ausländer sind natürlich in München besonders gern gesehen! Fern von Politik! Sie bilden den Schmuck und das Gewürz der sommerlichen Stadt und ein immer aktuelles Gesprächsthema. Ein klassischer Münchner Biertisch muss von einem Amerikaner, einem Norddeutschen, einem Einheimischen und dem Bürgermeister von Dingharting besetzt sein. Daraus wird ein Diskurs, eine Gaudi, vielleicht sogar eine Hetz! Und das ist's, was der Münchner braucht, für den letzten Endes die Stadt ja allein da ist.

MÜNCHEN UND DIE PROVINZ

Die Provinz um München herum heißt Bayern. Das ehemalige Königreich und der jetzige Freistaat Bayern. Durch die Scheitelhöhe des bayrischen Landes fließt der Länge nach die Donau, an seinem nördlichen Rand liegt die Mainschlange, auch Mainlinie genannt und als solche politisch ein Menetekel, und an seinem südlichen die Alpenkette. Diese Kette verbindet Bayern mit Österreich so fest und eisern, wie nur Ketten verbinden können. An München als dem Vorort Bayerns ist Österreich immer angeschlossen, wenn auch einmal Anno Napoleon bayrische Truppen in Tirol allerhand Feindseligkeiten begangen haben, und darum ist München der Vorort des deutsch-österreichischen Anschlussgedankens. Dies findet in einem regen Trachten- und Fremdenaustausch seinen sowohl malerischen wie materiellen Ausdruck.

Von Bayern und München nach Österreich ist nur ein kleiner Schritt. Von Garmisch nach Tirol, von Freilassing ins Salzburgische wandelst du, Bayer oder Fremder, trotz Pass- und Zollkontrolle völlig ungestraft und unbewusst.

Ein ander Ding ist es mit der Donau! Sie hat schon bei Regensburg einen breiten Rücken. Sie leitet aus dem Bajuwarischen alsbald ins Fränkische über. Bis Regensburg strahlt München leicht aus.

Was zwischen beiden Städten liegt, sei es Freising oder Landshut, ist Münchner Vor- und Beiwerk. Hier kann man schon München studieren – die Menschen, die Bauwerke, die Biere und vollends die Sitten. Ab Regensburg aber weht bereits Nürnberger Atmosphäre heran: eine dichte Luft von Kultur und Tradition, von Industrie und Handel und auch von Protestantismus. Da beginnt ein anderes Klima. Da wird München eine ferne Stadt, nicht so fern, dass man schon wieder Sehnsucht darnach haben müsste, aber auch nicht so nah und nicht so verwandt, dass bedingungslose Verbrüderung eine Notwendigkeit wäre. Jenseits des Maines erst steigt München wieder als Ziel einer Reise, des Lebens und Strebens auf. Da beginnt langsam durchs Thüringische hindurch das Preußische, von München angezogen, aber nicht geliebt! Bis Regensburg ist München das Dogma, bis Nürnberg ist es problematisch und von da an nordwärts ist es ein Problem, ein deutsches Problem mit all den Widersprüchen, die eben deutsche Probleme in sich zu haben pflegen.

Westwärts hinwiederum, zum Schwäbischen hin, hat und hält die Stadt engen Anschluss. Ludwig Thoma hat zwar von seinem Dichterkollegen Ruederer, der aus Augsburg kam, misstrauisch gesagt: »Das ist einer von drüben überm Moos«, aber trotzdem ist in der Tat zwischen München und Augsburg, zwischen dem klassischen Bajuwarien und Schwaben, keine Entfernung und sehr wenig seelische Distanz. Die schwäbische Fuggerstadt hat in der Blüte ihrer kommerziellen Existenz lokale Beschränkung oder gar Beschränktheit nicht gekannt, und die Fäden zu dem später aufgeblühten München blieben ununterbrochen fest und dicht gesponnen. München hat dabei etwas schwäbischen Einschlag abbekommen.

Nun gehört aber seit mehr als hundert Jahren die Rheinpfalz auch zu Bayern. Sie hat sogar ihre Wittelsbacher und als Reisegepäck ein gutes Stück Kultur nach München abgegeben. Dies wirkt natürlich nach, in die Jahrhunderte hinein. Das pfälzische und das bayrische Volk – das sind zwei Welten! Und da jenes ins Bayrische an Beamten, Kaufleuten und Angehörigen sonstiger freier Berufe ununterbrochen ziemlich viel Menschenmaterial

»Ja, wos is denn dös? Gestern habts dös Mordsloch zuag'wor'fn und heunt reißt's wieder auf?« – »Ja, da Maxe hot sei Schnupftabakglasl drunt'n lass'n!«

entsendet, und zumal in die Hauptstadt, bekommt diese auch vom Rhein her allerhand Einflüsse zu spüren – und man weiß ja, dass diese an Lebendigkeit und innerer wie äußerer Bewegtheit und Beweglichkeit nichts zu wünschen übrig lassen.

Nach alledem: München, die bajuwarisch-schwäbisch-fränkisch-pfälzische Residenz, ist schon als bayrische Stadt nicht bloß der Tummelplatz der Autochthonen, sondern hängt sozusagen in den Fängen seiner Provinz. Demgemäß gibt es in München unter den staatsangehörigen Bayern eine ganze Anzahl landsmannschaftlicher Zirkel – Inseln aus der Provinz. Und so gibt es natürlich auch fränkische Weinstuben, pfälzische Weinstuben, Tiroler Weinstuben. Und das Schwäbische vollends liegt so nah, dass es auf allen Speisekarten und an vielen Wirtstischen zum Durchbruch kommt.

Die bayrische Provinz sieht in München den Lockvogel für alle Fremden und ist bemüht, ihren Teil davon abzubekommen. Und es gehört in der Tat zu einem Besuch in München, auch rund um die Stadt (und nicht bloß im Gebirg), die Augen aufzutun.

Augsburg, Regensburg, Passau, Freising, Landshut sind alte Kulturstätten, sind mit ausschlaggebend für den bayrischen Stil des Lebens und der Kunst, sind Vorposten und Vorstufen von München. Man muss sie, um München ganz zu kennen, erlebt haben. Hierher gehört auch die nahe österreichische Hochburg des Barock: Salzburg. Seine Festspiele sind zwar äußerlich eine Konkurrenz für München, aber ein großer Teil seiner Festspielgäste besucht auch die bayrische Hauptstadt. Man hat sich das einst im Mai, im schönen Maien von Münchens Aufschwung, anders vorgestellt. Man war in München überzeugt von der höchsteigenen Zentralität, aber diese Blütenträume reiften leider nicht. Amerika zum Beispiel, das reisige Amerika, bleibt wochenlang in dem kleinen Salzburg und nur tagelang in dem großen München. Wir haben uns da – Gott sei's geklagt! – von der nachbarlichen Provinz überflügeln und ins Hintertreffen setzen lassen. Die Münchner Opernfestspiele haben ihren Ruhm eingebüßt, die Festspiele im Künstlertheater treten nur noch sporadisch und schüchtern auf. Im Süden Salzburg und im Norden Bayreuth beweisen mehr neue und alte Anziehungskraft.

Dahingegen gehen die alle zehn Jahre (das nächste Mal 1930) stattfindenden Passionsspiele in Oberammergau im Schatten Münchens vor sich. Das Passionsdorf, bewundert viel und viel gescholten, liegt auf der Grenzscheide zwischen Altbayern und Schwaben, und es liegt auch an der alten Kauffahrtei- und Heerstraße von Italien nach Augsburg. Hier trifft sich im Volk das Bäuerische und Künstlerische, die Gott- und Weltseligkeit, die Freude an innerer Wandlung und äußerer Verwandlung, und endlich auch echte Frömmigkeit und nicht weniger echter Geschäftsgeist. Hier ist ein schönes bajuwarisch-schwäbisches Symbol und Firmenschild aufgerichtet.

Zu den Passionsspielen fährt man durch München, und von den Passionsspielen fährt man zu den diversen Königsschlössern. Wenn sie nicht wären, wenn Ludwig II. nicht, um München mit seiner Nichtachtung zu strafen, diese fremden Kolosse (jetzt für die Fremden!) fern von München und doch wieder nahe dabei aufgetürmt hätte, was hätte er wohl aus München gemacht? Man soll es sich nicht ausdenken! So aber hat München diese beliebten Ausgeburten seiner königlichen Laune an die nahe Provinz abgelassen; sie gehören zu München, ohne sein Stadtbild zu stören. Eine sinnvolle Fügung des Schicksals!

München und die Provinz – ein vieldeutiges Kapitel. Die Donau fließt auch in der »Provinz«, leider zu weit von München, um es am Strom nach dem Osten auch als Handelsplatz teilnehmen zu lassen. Münchens Hafenplatz heißt Regensburg, aber dazwischen liegt, Distanz schaffend, das starke Gefall der Isar. Das ist schade! Und doch hatte München einmal, vor dem Krieg, ein starkes östliches Hinterland, den Balkan bis nach Kleinasien hinein. Von dort nämlich kamen die Adepten der europäischen Kultur und bevölkerten als »Schlawiner« das zentraleuropäische Schwabing. Die Leute, die aus jenem aufgerührten Winkel unseres Erdteils ins Bayrische wechselten, waren nicht immer gerade Maltheserritter oder überhaupt Puristen des Körpers und der Seele, aber sie waren pittoresk – eine malerische Zutat zu der Malerstadt München. Sie sind hier gänzlich ausgestorben. Man findet sie jetzt ebenso voll- und vielzählig, wie einst in München, in den nördlichen Teilen von Paris. München ist dadurch »deutscher« geworden, aber nicht bayrischer, denn zwischen den bayrischen Südostdeutschen und den balkanischen Südosteuropäern bestand ein amüsantes Einvernehmen; eine Stiefbrüderschaft, deren Note dem menschlichen Stadtbild gut zu Gesicht stand.

TRAKTAT ÜBER DIE SCHÖNEN KÜNSTE

Die schönen Künste – allesamt einschließlich der sie protegierenden Musen – sind, wie wissenschaftlich anerkannt ist und überdies von keiner regierenden oder oppositionellen Partei bestritten wird, in München ortseingesessen. Streit besteht lediglich darüber, ob die Jünger jener vom griechischen Unterricht her bekannten Musen bzw. die Beherrscher jener schönen Künste in München auch ihren »Unterstützungswohnsitz« haben. Dieser Streit führt schon gleich zu einem der empfindlichsten Münchner Probleme: zum Problem der Mäzene. Es gibt in München eine ganze Anzahl von Existenzen, die deshalb aus der Sphäre des Privaten (d. h. der Privatiers) ins Bereich des öffentlichen Interesses hineinragen, weil sie als Mäzene gelten. Ganz unbestritten gehören zu diesen eine Anzahl prominenter Persönlichkeiten, die den Titel Kommerzienrat oder Geheimer Kommerzienrat (Abkürzung: Geheimrat) wie eine süße Last tragen. Sie haben diese Titel bekommen, weil sie dem bayrischen Staat mehr oder minder beträchtliche Mittel – man munkelt von Beträgen von 20.000 Mark aufwärts – zur öffentlichen Kunstpflege gegeben haben. Ihnen entsprechen übrigens eine ebenfalls beträchtliche Anzahl von Personen, die deshalb den Titel Professor wie ein Feigenblatt tragen, weil sie dem Staat eine genügende Anzahl von Bildern oder Skulpturen als geeignete und vielleicht sogar würdige Objekte der öffentlichen Kunstpflege teils geliefert haben, teils laufend zu liefern in der Lage sind.

Aber zurück zu den Mäzenen! Neben jenen durch Titel kenntlich gemachten Vertretern des Mäzenatentums soll es in München eine ganze Anzahl – man nennt eine ziemlich hohe, wenn auch einstellige Ziffer – von stillen der Kunst zugewandten Menschen geben, die Künstler aller Art tatkräftig, im äußersten Fall sogar mit Geldmitteln unterstützen. Da ist z. B. der kleine – oder nein, fangen wir lieber mit jenem in Künstlerkreisen so überaus wohlgelittenen Dicken – oder nein, den Vortritt haben soll jener etwas orientalisch aussehende soignierte Herr mit Namen – nein und nein und nein: Wir wollen das stolze Fähnlein der aufrechten Kunstfreunde, denen ein Vater oder ein blühendes Geschäft Geld in den Beutel getan und Bilder an die Wand gehängt hat, im Zustande der Namenlosigkeit belassen. Schon deshalb, weil man doch so recht eigentlich von allzu Wenigen weiß, ob sie denn auch wirklich Mäzene sind. Erst wenn einer zum mindestens zehnten Male bereut hat, ein Bild oder eine Plastik gegen Entgelt in seinen Besitz gebracht zu haben, kann er als Mäzen angesprochen werden.

Kein Wunder, dass eine tiefe Verwirrung und eine geradezu verzweifelte Unkenntnis darüber herrscht, wer den Titel verdient. Da müsste der bayrische Staat, dem bekanntlich das gesamte Titelwesen mindestens ebenso am Herzen liegt wie die Kunstpflege, endlich eingreifen. Der ungarische Staat z. B. hat Männern, die sich im Krieg und in Pogroms ausgezeichnet haben, den Titel Held verliehen, der vor dem Namen zu tragen ist: Held Herczeg! So müsste sich ein um die Kunst nicht bloß platonisch verdienter Münchner von Staats wegen nennen dürfen: Mäzen Hintermeyer. Das klingt bedeutend besser als Postsekretär Hintermeyer und sogar schmeichelhafter als Kommerzienrat

Hintermeyer. Man könnte ja auch da eine Steigerung durch den Titel Geheimmäzen schaffen. Eine Zwischentitelstufe habe ich dadurch in Erfahrung gebracht, dass ich einen des Mäzenatentums dringend verdächtigen eingeborenen Münchner fragte, was es mit diesem Verdacht auf sich habe. Der Mann war im Allgemeinen geständig, brachte aber zu seiner Entschuldigung vor, er sei bloß ein »Dreiquartelmäzen«. Kurz und gut: Man sollte die teuren Mäzene, um wieder einmal ein Augusteisches Zeitalter für München und Umgebung vorbereiten zu helfen, für alle Kunstwelt kenntlich machen. Damit wäre den Künstlern, die Bilder verkaufen wollen, oder den Schriftstellern, die Buchwidmungen gegen kleine Anleihen zu vergeben haben, ein schönes Stück weitergeholfen.

Denn, dass es nun deutlich gesagt sei, die Künstler haben es in München nicht leicht. Sie studieren, produzieren, provozieren, repräsentieren und animieren sogar (besonders die Fremden), aber das deutsche Wort »verkaufen« ist bei ihnen fast zum Fremdwort geworden. Es wäre schade, wenn unsere Sprache diese einfache und natürliche Bezeichnung für eine nahrhafte Tätigkeit verlieren müsste. Die Künstler sitzen in Vereinen, Stammtischen, Familien, Kegelklubs, Bünden und sogar Genossenschaften zusammen und warten auf den Aufschwung des deutschen Wirtschafts- und Kulturlebens.

Dicht bei den sogenannten bildenden Künstlern, denen aber gerade die Münchner Atmosphäre nicht selten auch die Macht der Rede und Schreibe, und dies oft in bedeutendem Ausmaß, zu verleihen pflegt, vegetieren die Schriftsteller und Dichter. Unter ihnen gedeiht besonders der Roman und die Novelle. Das kommt wohl von der durch die Stadt gebotenen Möglichkeit

Kunsthändler und Maler

langer Spaziergänge. So im Dahinwandern spinnt sich leicht der Faden einer Erzählung an, aus der dann an langen Winterabenden oder Sommernächten ein Schicksal, ein Band oder auch nur ein Zeitschriftenbeitrag, manchmal sogar ein klingender Erfolg wird. Das Drama und was sich drum herumgruppiert wächst seltener in München. Seit dem Tod Frank Wedekinds, der nach einer Münchner Sage im Hofbräuhaus seine besten Einfälle hatte und seine besten Szenen schrieb, hat Max Halbe als Dramatiker wie als Kegler (auch im Kegeln waren Wedekind und

Halbe scharfe Konkurrenten) nicht viel klassische Konkurrenz mehr.

Bei der großen Anzahl der ortsansässigen Schriftsteller ist es natürlich erstaunlich, woher diese Leute alle ihre Stoffe nehmen. Das ist für den Münchner Bürger und für die von ihm gebildeten Stammtischrunden ein immer ängstliches Problem. Woher nehmen und nicht stehlen?, denkt und sagt Herr Huber und fühlt sich in seinem Privatdasein nicht ungefährlich bedroht. Er hält sich sozusagen für einen disponiblen Stoff, den täglich irgendein Genie in eines seiner unsterblichen Werke abrufen kann. Gewiss – dies schmeichelt ihm zu einem Teil, zum andern Teil aber erregt es sein ewiges Misstrauen gegen die »Denker und Dichter«, von deren Dasein sein eigenes gemütliches Leben dunkelgrau bis schwarz umsäumt wird. Die Malersleute sind ihm bedeutend angenehmer; denen muss man entweder sitzen oder sie haben einen nicht. Und überdies entfernen sie sich mit ihren vielen »Ismussen« so weit von der Natur, dass sie ihn, den Herrn Huber, überhaupt nicht in ihr Blickfeld bekommen. Freilich: Mit dem Sieg der »Neuen Sachlichkeit« ist wieder Gefahr in Verzug, jetzt muss man wieder auf der Hut sein!

Die Schriftsteller sind ja auch sonst suspekt. Sie dichten nicht nur, sie trachten leider auch! Die Trachtenden nennt man Bolschewisten. Sie wollen, wenn sie mir ein Wörtchen gegen die Münchner Zustände verlauten lassen, den Umsturz aller Dinge. Meint der Herr Huber! Er traut ihnen nicht. Seit dem November 1918 hat er das Stammtischtuch zwischen sich und ihnen zerschnitten. Sie sind eines andern Glaubens verdächtig. Ist er für die Konfessionsschule, dann propagieren sie die Simultanschule; ist er für Schwarz-Weiß-Rot, dann und darum sind sie für

Schwarz-Rot-Gold! Und wenn er, was unmittelbar bevorsteht, für Schwarz-Rot-Gold sein wird, für welche Teufelsfarben werden dann sie sein – he?? In Bezug auf die Unzuverlässigkeit vor dem Bürger- und Bajuwarentum ist unter den Schriftstellern, unter den großen und kleinen, kaum ein Unterschied zu machen. Sie gehören ja alle keinem Bezirks- und keinem Volksverein an und klettern mit Vorliebe über alle Barrieren und Barrikaden der Zeit und der Stadt hinweg. Eine verwegene Gesellschaft! (Meint der Herr Huber.)

Hans Knappertsbusch

Da lobt er sich denn doch sein leichtsinniges, liebes, lustiges, lockeres, landfrommes Bühnenvölkchen! Die hat er in der Hand – als Abonnent oder Steuerzahler. Die machen ihm, ob sie nun Shakespeare aufsagen oder den Metzgersprung nachmachen, eine Gaudi vor. Die stammen alle mehr oder minder von dem großen Possart ab – und was der für den Fremdenverkehr und für die gute Aussprache getan hat, das ist in die Annalen der Stadt München mit ehernem Griffel eingeschrieben. Vor dem Theater ist der Münchner tolerant – bis zu einem Grade, dass man ihn fast schon wieder indifferent nennen könnte. In den Zeitungen wird manchmal ein großes Wesen davon gemacht, dass die Münchner Theater besser sein könnten, wagemutiger, moderner und zielbewusster. Das bleibt Druckerschwärze, das Gezeter verliert sich schon fast ganz am weißen Rand der Zeitung oder bei den Personalnachrichten, das dringt kaum ins Gemüt des Abonnenten. Er verzehrt am Faschingssonntag, wie es die Väter schon getan, seine »Fledermaus« im Nationaltheater, hin und wieder einen »Schiller« im Prinzregententheater und, wenn es die Neugier eines zugereisten Vetters nicht anders will, einen verrückten Modernen in den Kammerspielen im Schauspielhaus. Viele Münchner sind in der »VOLKSBÜHNE« und in der »THEATERGEMEINDE«, den zwei Theaterkonsumvereinen, organisiert – da heißt es einen Sitz absitzen und das trifft gewöhnlich die Frau oder die Tochter, die dann eine Woche lang so viel davon hermachen, dass das Bier warm oder die Suppe kalt wird.

Sonst aber hält man sich beim Theater an die Personalien. Und das hat seinen guten Grund! Eine ganze Reihe Münchner Schauspieler sind Münchner oder mindestens Bayern. Denn der bajuwarische Stamm ist ja von alters her zum Komödienspiel begabt. Schon zwischen den Kostümfesten des Faschings und der Bühne ist ein innerer Zusammenhang – und zwischen dem Katholizismus und dem Theater erst recht! Die Träger dieser Zusammenhänge sind darum – was Wunder! – durchaus wohlgelitten. Überdies haben sie ein festes, kontrollierbares Einkommen und sind sogar unter Umständen Staatsbeamte, Titelträger und pensionsberechtigt. Man kann einen Schauspieler förmlich zum Schwiegersohn haben. Alle Achtung!

Fast noch mehr sind dem Münchner die Musiker ans Herz gewachsen. München ist – nehmt alles nur in allem! – eine Musikstadt. Denkt nur, wen wir alles hier hatten! Von Richard Wagner wollen wir gar nicht reden. Aber da ist dann der Levi, der Fischer Franz, der Zumpe, der Mottl und der Bruno Walter. Lauter sehr populäre Dirigenten, um die man sich und für die man gestritten und sich ereifert hat. Der Bruno Walter freilich hat zu Hitlers Zeiten dran glauben müssen: Er wurde aus Rassegründen nach Berlin verbannt, wo er seitdem ein durch Nicht-Münchner Erfolge sicherlich verbittertes Leben führt. Als Levi noch am Pult stand, wusste man noch nicht, dass die Armbewegungen eines Kapellmeisters zu stark ans Mauscheln erinnern könnten. Er wurde noch wie ein Erzbischof der Musik verehrt. Zurzeit haben wir gerade keinen großen Dirigenten unter uns. Knappertsbusch ist ein tapferes Temperament aus der Virtuosengilde. Er ist beliebt, aber nicht populär. An der Akademie wird streng und gerecht gearbeitet, wie es sich für ein Musterinstitut, das sie ist, gehört. Von der Oper behaupten viele, sie sei gerade kein Musterinstitut. Aber da doch der bayrische Staat, dieser edle Mäzen, und die Stadt, durch Mäzenatentum dem Staat ehelich verbunden, so viel Geld für die Oper opfert, muss an ihr schon was dran sein. Wir wollen uns unsere Freude an den heimischen Kunstetablissements durch Beckmesserei nicht verkümmern lassen!

Andere Musiker als Dirigenten gibt es in München so viele wie Wellen in den bayrischen Seen. Es sind bürgerlich adrette Menschen, gelernte Leute, die sich allseits auf den guten Ton verstehen – nur auf der Elektrischen stören sie oft, weil sie raumverschlingende Instrumente mit sich führen. Da lässt dann die Akustik für bodenständige Auseinandersetzungen nichts zu wünschen übrig. Aber man braucht sie allenthalben, diese gelockten und neuerdings meist auch bebrillten Musikanten – bei Wagner, bei Konzerten, beim Salvator, beim Tanz und überhaupt beim Fasching. Sie haben leider auch das Klavierspiel und späterhin das Saxophon in dem stillen München eingeführt. Das kann manchmal mancher manchem Musiker nicht verzeihen. Ihnen ist jedenfalls der einzige Lärm zuzuschreiben, der die so beliebten Münchner Zwiegespräche stört.

Einen gewissen Lärm, wenn er auch nicht gerade an die Ohren dröhnt, macht noch eine andere Künstlergruppe: Das sind die Außen- und Innenarchitekten, die Kunstgewerbler und Plakatkünstler, die Buch- und Schriftkünstler. Sie alle zusammen nennt man den »Münchner Bund«, der hinwiederum im »Deutschen Werkbund« seinen Vater verehrt. Also, das sind ziemlich gefährliche Leute. Sie führen immerwährend ein Fremdwort im Mund: Fortschritt. Sie wollen die Lichtreklame, die Wohnungs- und Baureform, den Geschmack und überhaupt das »Anders-wie-die-andern« von der Wiege bis zum Grabe. Sie stehen fast alle im Verdacht, eine Weltanschauung zu haben, und dringen mit dieser bis in die Presse und bis zum Oktoberfest vor. Weh ihnen! Sie sind beinahe der Münchner Klu-Klux-Klan.

Dem Stadtrat machen sie zu schaffen und den Ministerien, in Kommissionen machen sie sich breit und in Aufrufen, Petitionen oder gar Protesten. Sie mischen sich geradezu in alles. Es soll unter ihnen sogar welche geben, die das Barock verabscheuen. Aber die Bau- und sonstige Polizei ist ihnen ständig auf den Fersen und springt mit ihnen um, dass ihrem Fortschritt der Atem ausgeht. Außerdem ist gegen sie auf dem Münchner Boden ein Kraut gewachsen: die alljährlichen Ausstellungen auf der Theresienhöhe. Dort sollen sie sich, sagt man ihnen, das goldene Vlies holen. Aber wenn sie sich mit ihren Projekten und Entwürfen für die jeweilige »Schau« gehörig abgerauft und abgeschuftet haben, bringen sie meistens nur eine Ehrenurkunde mit nach Haus. Und dann sind sie lackiert!

Doch nun genug von der Esoterik der Münchner Künste. Die Künstler wollen doch auch, wie schon eingangs erwähnt, leben und ihre Hausherren, Lieferanten und Vermieterinnen leben lassen. Wie machen sie das? Geschäft ist bekanntlich Geschäft und wo die Mäzene fehlen, da stellt zur rechten Zeit sich der Geschäftsmann ein. Und in der Tat – in München wimmelt's von Kunsthändlern, Kunstanstalten und Verlegern.

Diese Gruppe von Einwohnern der Residenzstadt München, die es oft zu hohen Ehren und Renten bringen, leben in intimster Schmollis-Feindschaft mit den respektiven Kunstproduzenten. Es gibt keinen Stand und keine Kaste auf der ganzen Welt, denen so oft und so präzis ihr Gewinn nachgerechnet wird wie den Kunstverschleißern. Die Kunsthändler und Verleger glauben sich davor retten zu können, indem sie mit ganz alten Meistern und Dichtern handeln. Nützt ihnen aber nichts! Wo sie verschollene Bilder oder Bücher aufstöbern und verkaufen, da wird ihr Verdienst völlig aus dem Kulturellen ins Merkantile überführt, da dröhnt's nur so an den Künstlerstammtischen von Hunderttausenden und Millionen. Es spricht sehr für die Harmlosigkeit des Künstlervölkchens, dass so selten Raub- und Mordtaten an vanderbildtisch reichen Kunsthändlern und Verlegern vorkommen. Statt mit gewalttätiger Hand vollzieht sich der Austausch der Werte in Form von Vorschüssen. Dieses Wort »Vorschuss«, das in seiner zweiten Silbe immerhin noch die Erinnerung an Gewalttat mit sich trägt, ist bestimmt in Schwabing, dem Hochsitz der Münchner Musen, erfunden worden. Und wenn jene Idealisten, die mit Kunst ihre Geschäfte machen, das Wort hören, werden sie fromm und beten zu dem Gott ihrer Väter, den sie ansonsten leicht vergessen.

Hier muss ein Wort darüber verloren werden, wie man Verleger wird. Etwa so: Man ist ein junger, oft sogar blonder Mann und hat den Drang zur Kunst und außerdem einen kleinen erlesenen Kreis von talentvollen Freunden und überdies einen Vater oder eine Erbtante, die einmal etwas vom deutschen Idealismus gehört haben. Da braucht es dann nur einige nächtliche Sitzungen, einige Telegramme in die ferne Heimat, die suggestiv wirken, weil Dichtershand an ihnen mitgefeilt hat – und der Verlag ist fertig, die Firma geboren! Viele freilich von diesen Verlegerknaben müssen, wie Hofmannsthal sagt, unten sterben. Aber manch einer tritt über viele Bücherleichen den Marsch nach oben an, verliert alsbald seinen Freundeskreis und handelt dafür den schmählichen Erfolg mit Unwürdigen ein. Diese Unwürdigen werden seitens jenes Freundeskreises von der 10. Auflage ihres Buches an für Kretins erklärt. Bleibt ihnen der Erfolg mit einem zweiten oder dritten Buch treu, so kommen sie – immer durch jenen Freundeskreis! – ins Verbrecheralbum. Und dies alles muss ein erfolgreicher Verleger schluchzend miterleben. Kein Wunder, dass so ein Verleger aus der tiefsten Tiefe seines Gemüts heraus Pessimist wird. Ja, Pessimisten sind sie alle, diese Verleger und Kunsthändler. Das Melancholische, das oft über München liegt, dringt aus ihren Privatbüros ins Freie. Sie können es, wie sie sagen, nicht verwinden, dass sie nicht lieber Schweinemetzger oder Landwirte oder Schulreformer geworden sind, wozu sie, wenn man sie hört, so viel Neigung und Begabung gehabt hätten. Denn Schweinswürste würden immer gegessen, sagen sie, Kohl werde immer gekauft und Kinder würden immer wieder in die Schule geschickt – aber wer kaufe schon Bücher??

Wie man Kunsthändler wird, wie sag ich das meinem Kinde? Ich glaube ernstlich: Der Storch bringt sie! Kunsthändler, fürchte ich, ist man schon in der Wiege, und schon an der Mutterbrust sammelt man seine Erfahrungen. Und wer kauft Bilder? Ich weiß es nicht. Jungvermählte auf der Hochzeitsreise oder Industrielle aus dem Rheinland oder ein Kunstseidenstrumpffabrikant aus Detroit oder die städtische Galerie in Uppsala oder wer sonst? Ich weiß es nicht!

Ahnt ihr nun, ihr Zugereisten oder sonst zu Opfern Auserkorenen, wie schlimm es um die Kunst in München steht? Darum gehet hin, reiset nach München und tuet das eure!

WAS ES ALLES GIBT

(siehe auch die alphabetische »Ehrentafel« S. 65-80)

VERZEICHNIS DER ILLUSTRATOREN

Karl Arnold: 39, 110
I. B. Engl: 15, 19, 24, 33, 48, 103, 104, 114
Marcel Frischmann: 17, 53, 55, 62, 63, 68, 70, 95, 123
Olaf Gulbransson: 44, 46, 101, 107
Paul Neu: 22, 102
Hermann Rothballer: 91
Paul Schondorff: 7, 9, 11, 25, 26, 30, 32, 37, 89, 109, 121
Max Unold: Umschlagzeichnung

Folgende Zeichnungen sind dem *Simplicissimus* entnommen: 24, 33, 39, 48, 103, 110, 114

DIE REIHE »WAS NICHT IM BAEDEKER STEHT« BEI MILENA

Ludwig Hirschfelds charmanter feuilletonistischer Reiseführer entführt uns in das Wien der späten 1920er Jahre.
Als im Sacher noch keine alleinsitzenden Frauen bedient wurden. Als man sich beim Kellner noch Eintänzer bestellen konnte, wenn der Gatte keine Lust hatte. Als man im Kaffeehaus noch Arthur Schnitzler, Karl Farkas und Sigmund Freud antreffen konnte.
ISBN 978-3-903184-57-2

Eugen Szatmaris charmanter feuilletonistischer Reiseführer entführt uns in das Berlin der späten 1920er Jahre. Als E.T.A. Hoffmann und Heinrich Heine bei Lutter und Wegner täglich ihren Wein tranken. Als Richard Tauber mit Charlie Chaplin noch einen Schlummertrunk an der Bar im Adlon nahm. Als man abends im Restaurant Horcher Elisabeth Bergner Austern schlürfen sah. Als sich Alt und Jung beim großen Bockbierfest vergnügten.
978-3-903184-66-4

Umschlag: Boutique Brutal, boutiquebrutal.com

Druck und Bindung: Interpress.eu

www.milena-verlag.at
ISBN 978-3-903184-75-6

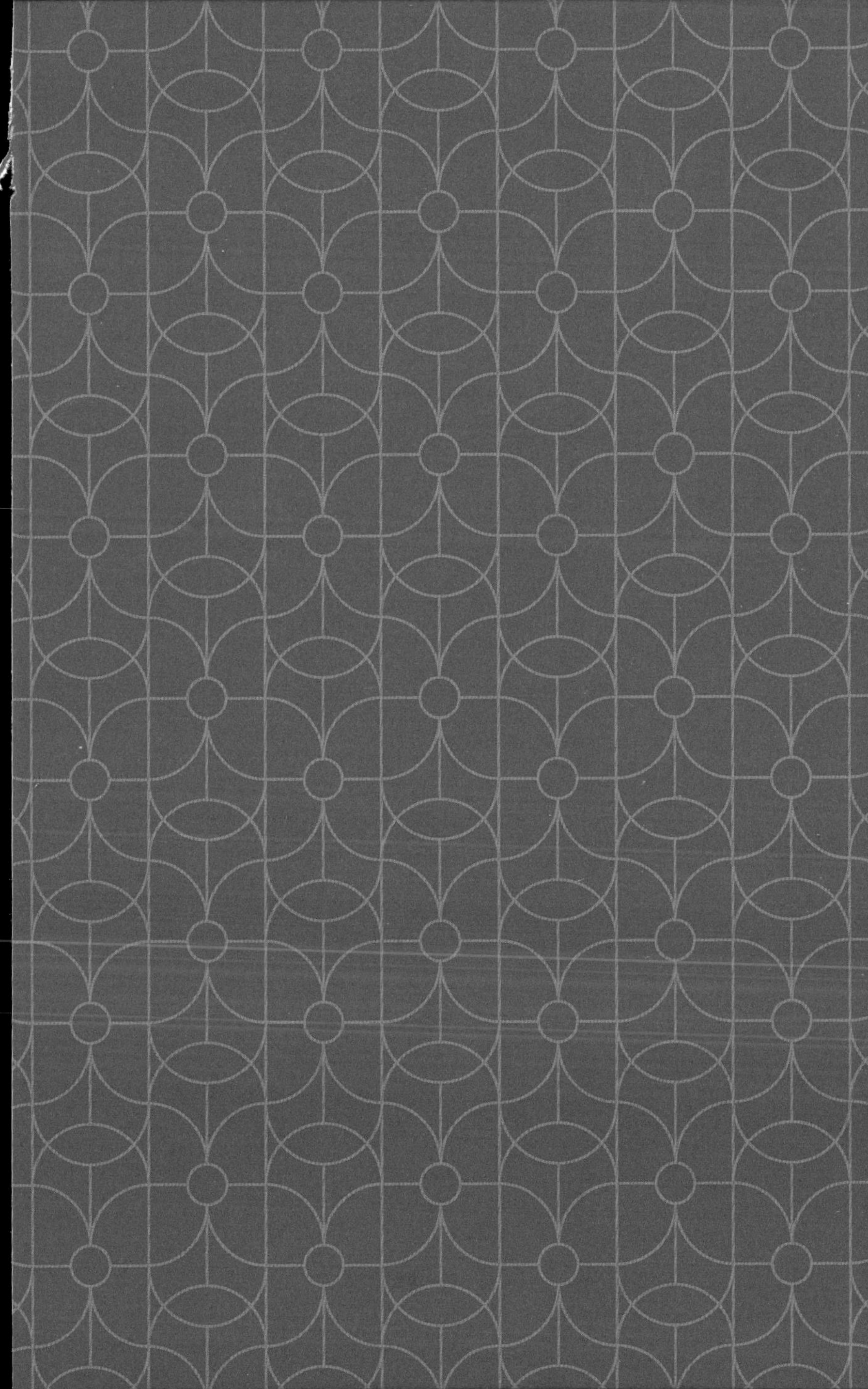

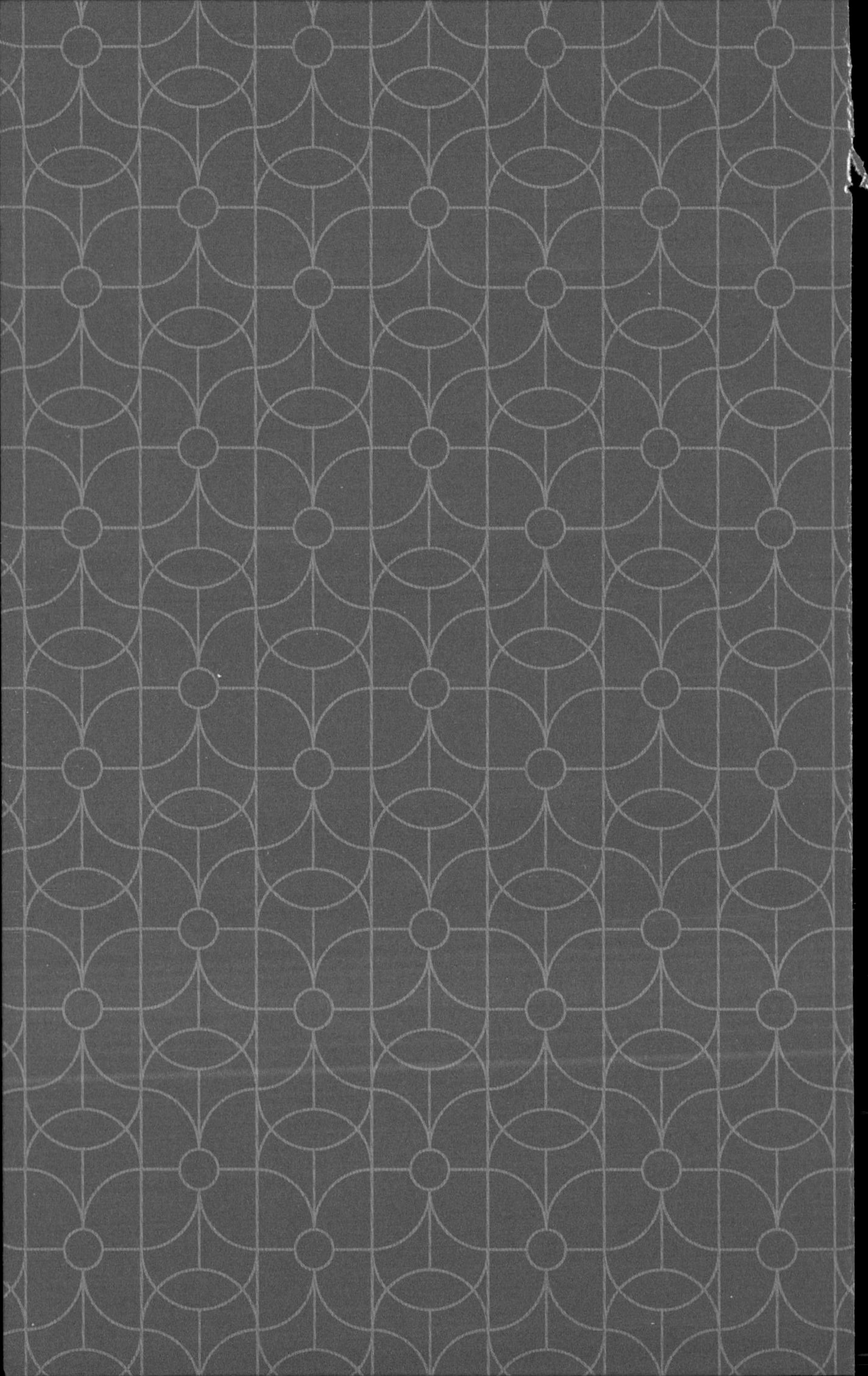